Humor e Alegria na Educação

Dados Internacionais de Catalogação na Publicação (CIP)
(Câmara Brasileira do Livro, SP, Brasil)

Humor e alegria na educação / Valéria Amorim Arantes (org.). — São Paulo : Summus, 2006.

Vários autores.
Bibliografia.
ISBN 85-323-0700-0

1. Alegria 2. Brincadeiras 3. Educação inclusiva 4. Humor na educação 5. Pedagogia I. Arantes, Valéria Amorim. II. Série.

06-1949   CDD-370.207

Índice para catálogo sistemático:

1. Humor e alegria na educação   370.207

Compre em lugar de fotocopiar.
Cada real que você dá por um livro recompensa seus autores
e os convida a produzir mais sobre o tema;
incentiva seus editores a encomendar, traduzir e publicar
outras obras sobre o assunto;
e paga aos livreiros por estocar e levar até você livros
para a sua informação e o seu entretenimento.
Cada real que você dá pela fotocópia não autorizada de um livro
financia um crime
e ajuda a matar a produção intelectual em todo o mundo.

Humor e Alegria na Educação

Valéria Amorim Arantes (org.)

summus editorial

HUMOR E ALEGRIA NA EDUCAÇÃO

Copyright © 2006 by Jean Lauand, Joan Fortuny, João Batista Freire, José Sterza Justo, Maria Lúcia de Oliveira, Maria Teresa Eglér Mantoan, Mário Sérgio Vasconcelos, Valéria Amorim Arantes e Xus Martín

Direitos desta edição reservados por Summus Editorial

Editora executiva: **Soraia Bini Cury**
Assistente de produção: **Claudia Agnelli**
Tradução dos textos "Poesia e escola" e "O senso de humor no trabalho com adolescentes com problemas de adaptação": **Carlos Silveira Mendes Rosa**
Capa e ilustrações: **Raghy**
Diagramação: **Acqua Estúdio Gráfico**
Fotolitos: **Casa de Tipos**

Summus Editorial
Departamento editorial:
Rua Itapicuru, 613 – 7º andar
05006-000 – São Paulo – SP
Fone: (11) 3872-3322
Fax: (11) 3872-7476
http://www.summus.com.br
e-mail: summus@summus.com.br

Atendimento ao consumidor:
Summus Editorial
Fone: (11) 3865-9890

Vendas por atacado:
Fone: (11) 3873-8638
Fax: (11) 3873-7085
e-mail: vendas@summus.com.br

Impresso no Brasil

SUMÁRIO

Apresentação
Valéria Amorim Arantes 7

1. **Poesia e escola**
Joan Fortuny 13

2. ***Deus ludens* – O lúdico na pedagogia medieval e no pensamento de Tomás de Aquino**
Jean Lauand 31

3. **Ousar brincar**
Mário Sérgio Vasconcelos 57

4. **Escola não é lugar de brincar?**
Maria Lúcia de Oliveira 75

5. **Humor, educação e pós-modernidade**
José Sterza Justo 103

6. **Uma pedagogia lúdica**
João Batista Freire 127

7. **O senso de humor no trabalho com adolescentes com problemas de adaptação**
Xus Martín 151

8. **Teste seu poder de inclusão**
Maria Teresa Eglér Mantoan 169

APRESENTAÇÃO

Os filósofos que especularam sobre o significado da vida e sobre o destino do homem não enfatizaram suficientemente que a natureza, por si, nos dá essas respostas. Ela nos oferece um sinal preciso de que nosso destino está se realizando. Esse sinal é a alegria. Falo da alegria, não do prazer. O prazer não é mais que um artifício imaginado pela natureza para obter dos seres vivos a conservação da vida; não indica sua direção. A alegria, porém, anuncia sempre que a vida triunfou, que ganhou terreno, que conseguiu uma vitória: toda grande alegria tem um tom triunfal.

Henri Bergson, *L'énergie spirituelle*

A epígrafe que escolhemos para apresentar esta obra, do filósofo francês Henri Bergson, sinaliza a essência do que buscamos com a organização deste livro: entender a importância que a alegria tem, como um sentimento essencial da vida humana, na direção que podemos e devemos dar às nossas ações e pensamentos. Diferentemente do prazer, cuja função parece mais voltada para a preservação da vida, a alegria nos remete a ações de criatividade, flexibilidade, originalidade, imaginação, que serão abordadas pelos diferentes autores e autoras que aceitaram o desafio de escrever sobre essa temática.

Buscando discutir alternativas teóricas e práticas para a construção de uma escola mais alegre e feliz, este livro promove tal discussão numa linguagem que pretende ser inovadora, irreverente, mas, sobretudo, fundamentada teoricamente. Em síntese, articulou-se, o tempo todo, rigor acadêmico e conceitual com a sensibilidade necessária para abrir os muros escolares às propostas educativas que produzam novos significados ao ato de educar.

A coletânea reúne reflexões e experiências de oito autores e autoras, todos docentes universitários que, com base em diferentes perspectivas, apontam caminhos educacionais que parecem sinalizar que, além de fazerem parte da condição humana, o humor e a alegria, potencializados entre as pessoas, podem ser transformados em preciosos instrumentos para enfrentarmos os desafios éticos e sociais da escola contemporânea.

Abre a coletânea o texto do psicólogo e poeta Joan Fortuny. Ressaltando a importância de "aprender a ser" e postulando que a poesia é uma maneira de ser, o texto de Fortuny, intitulado "Poesia e escola", discorre, de modo instigante e envolvente, sobre a função da poesia na escola. Admitindo o ato poético como um ato criador, transita pela imaginação, pelo mistério, pela surpresa, pela originalidade, pela fluidez expressiva etc., dando visibilidade às suas intrínsecas relações com a alegria e o humor. Ao descrever e analisar algumas atividades poéticas desenvolvidas no contexto escolar, Fortuny aponta-nos uma forma original e ousada de buscar "novas maneiras de entender as relações e de compreender a vida".

O segundo texto da coletânea é do filósofo Jean Lauand, que, situando o lúdico – num sentido mais amplo que o brincar – no pensamento e na prática medieval, dá visibilidade à sua relevância para a educação. Apresenta-nos alguns aspectos da obra de Tomás de Aquino, ressaltando o efeito da alegria e do prazer na atividade humana que, nas palavras do pensador medieval, "ampliaria a capacidade de aprender tanto em sua dimensão intelectual quanto na da vontade". De maneira original e "lúdica", Jean Lauand nos conduz ao reconhecimento da importância do aspecto lúdico para a vida e para a convivência humana. O autor conclui seu texto sinalizando a íntima relação entre o lúdico e o mistério; mistério esse que se dá pela criação e pela produção de alegria.

O terceiro e o quarto textos, de autoria, respectivamente, de Mário Sérgio Vasconcelos e Maria Lúcia de Oliveira, tratam, especificamente, do ato de brincar. Alertando-nos que a brincadeira – com a alegria que ela proporciona – tem um papel fundamental no processo de socialização, na construção do conhecimento e na formação da personalidade, Mário Sérgio postula que o brincar é inclusivo e essencial para a formação integral do ser humano. Para tanto, descreve algumas funções das brincadeiras, nas quais a *imaginação* e a *criação* são palavras de ordem. Com tudo isso, dá o seu "recado" a todos os educadores e educadoras: a necessidade de inserir, ressignificar e valorizar as brincadeiras no contexto escolar.

No quarto texto, após um breve histórico sobre a educação (desde a Grécia), Maria Lúcia de Oliveira apresenta-nos alguns dos pressupostos da teoria freudiana, com o intuito de chamar a nossa atenção para a necessidade de o educador "dar voz à verdade inconsciente de cada um". Nesse sentido, a importância do brincar estaria, justamente, na busca do "reconhecimento do inconsciente no território da razão", o que permitiria à escola ser um lugar de alegria e humor. Corroborando o que salientamos anteriormente, Maria Lúcia defende que o bom humor ajuda o indivíduo a buscar, diante de suas frustrações, novas saídas, posto que promove a imaginação e a flexibilidade. Eis dois *facilitadores* para a criatividade, que produzem alegria.

Na seqüência, e também explorando o campo da psicanálise, José Sterza Justo faz uma análise profunda sobre o caráter de irreverência, insubordinação e transgressão do humor. Ressaltando sua importância no processo de comunicação, nas relações sociais e nas formas de subjetivação, Justo faz uma análise aprofundada dos diferentes tipos de humor: daquele que se coloca a serviço da liberação de um desejo ou idéia aprisionados pela censura até aquele que visa desqualificar e ridicularizar o interlocutor, passando, também, pelo que nomeamos "humor negro", que mobiliza ansiedades, temores e agressividade. Com tal análise, alerta-nos para os possíveis e diferentes efeitos do humor no espaço escolar: da flexibilidade e da fluidez nas formas de expressão e comunicação até graus extremos de perversão, podendo expor um aluno ou um professor ao ridículo ou provocar-lhes irritação e desconforto. Na segunda parte do texto, referindo-se às mudanças da modernidade para a pós-modernidade em que o humorismo é posto como uma das principais formas de relação com o mundo –, Justo defende que a alegria e o humor podem tornar a convivência escolar mais prazerosa e divertida.

O sexto texto, de autoria de João Batista Freire, está dividido em duas partes. Na primeira, o autor apresenta-nos, de maneira crítica e provocativa, um breve histórico da instituição escolar, voltando à Idade Média e sinalizando-nos que pouca coisa parece ter mudado na referida instituição. Ao *fiel conservadorismo da escola* João Batista associa procedimentos da sociedade disciplinar (descritos por Foucault) e procedimentos da sociedade de controle (descritos por Deleuze), e defende, veementemente, que a escola poderia (e deveria) ser mais alegre e bem-humorada. Como um caminho possível para fazê-la, na segunda parte do texto o autor relata uma experiência profissional na qual, por meio de jogos, propõe uma pedagogia que permite aos alunos e às alunas distanciar-se da realidade para vê-la de forma diferente, sugerindo, como elemento estruturante de tal proposta, a imaginação. Eis um caminho para a alegria e para o humor.

Também relatando, no contexto de um estudo etnográfico, a experiência vivida numa instituição escolar para adolescentes marginalizados, a pesquisadora Xus Martín analisa como o humor pode e deve ser transformado num precioso recurso pedagógico. Para tanto, descreve excertos de diálogos entre educadores e educandos do Esclat – centro educacional situado na periferia da cidade de Barcelona (Espanha), onde a autora realizou seu estudo. Explorando o caráter imprevisível e sério do humor, Xus conclui seu texto postulando-o como um antídoto contra o ódio: "É difícil odiar uma pessoa com quem demos muita risada".

Encerra a coletânea o texto de Maria Teresa Eglér Mantoan. De maneira divertida e original, a autora, que há anos trabalha com o tema da inclusão escolar, propõe-nos um grande desafio: testar nosso poder de inclusão. Por meio de um "checape *inclusivo*", instiga-nos a analisar nossas próprias atitudes diante das diferenças e a descobrir mais de nós mesmos. A pertinência dessa proposta na presente obra está, a nosso ver, no fato de acreditarmos que, num mundo que parece nos impor um modelo único, o humor e a alegria podem ser mais um caminho na busca de uma sociedade que de fato respeite as diferenças. Na medida em que o humor precisa encontrar novas formas de ver a "realidade", pode aproximar-nos do "diferente". Nessa tarefa, de "autoconhecimento", a autora aborda temas candentes do cotidiano escolar, tais como os encaminhamentos realizados pelas instituições escolares, a inclusão de deficientes mentais, autistas e hiperativos, a repetência, a violência etc.

Todos os textos, de uma maneira ou de outra, parecem reivindicar a busca e a recuperação do humor e da alegria em cada um de nós. Acreditamos que eles podem ser potencializados no cotidiano escolar como uma parte do modelo de pessoa e sociedade que queremos construir.

Valéria Amorim Arantes

Poesia e escola

Joan Fortuny

Introdução

Alguns leitores de poesia, sem dúvida uma minoria, fazem uma idéia tão irreal e obscura da poesia que acreditam piamente que ela tenha um caráter abstrato e de esoterismo lingüístico. No sentido etimológico, poesia significa criar, fazer. O ato poético é um ato criador. Essa é a noção fundamental. A leitura de um poema nunca deveria ser passiva. Todo leitor é um criador e até mesmo criador do que ele lê. Negar isso seria uma contradição psicológica, visto que, como dizia Paul Valéry, o poema não termina quando o autor o conclui, mas sim quando o leitor o faz seu, incorporando-o a seu acervo espiritual.

Poesia é também mimese, no sentido que Aristóteles dava à palavra. Segundo o filósofo grego, a imitação, ou mimese, consiste em reconstruir com palavras algo que tenha a maior semelhança possível com a realidade; não no sentido de copiar a natureza ou de descrever os fatos com precisão, mas de reconstruir a realidade com a intenção de reinventá-la. Aproximamo-nos muito aqui da noção de jogo simbólico, no sentido de que um ato simbólico é a apresentação de uma realidade mediante certos elementos (símbolos) que, despojados do seu uso habitual, se investem de um novo significado de acordo com a realidade que representam.

As crianças de hoje vivem em meio a um universo de signos múltiplos, orais, icônicos e gráficos. O indivíduo, depois de ter consentido a criação dos primeiros símbolos icônicos graças à grande riqueza da brincadeira como atividade lúdica, enfrenta a compreensão e o uso da expressão escrita. O domínio dela permitirá ao indivíduo começar a se encontrar e reencontrar em um sistema de códigos com o qual ele poderá não só transmitir informação, como refletir sobre si mesmo.

Sabemos que os primeiros signos escritos sumérios eram uma espécie de registro do escriba sobre as riquezas do seu amo, as colheitas armazenadas em sacos e as cabeças de gado que ele possuía. Mais tarde, a necessidade de não se perder nada que se dissesse, que se soubesse, os ritos e as fabulações, levou as pessoas a usarem a escrita, agora já não como um registro contábil de objetos e bens, mas como elemento de comunicação cultural. O que denominamos poesia nasceu não como deleite, e sim como instrumento que permitia explicar a magia, os ritos, a história e os conhecimentos da cultura. Toda a história posterior da poesia viria a ser a história das mudanças no uso e na destinação desse instrumento.

A poesia e o poético

A poesia precisa conseguir dizer o intuído, especificar numa linguagem singular aquilo que a linguagem cotidiana não especifica. A poesia extravasa o significado dos valores vinculados às palavras utilizadas no uso comum da linguagem; quer conceber uma nova ordem de significação porque as palavras no verso não são mais palavras portadoras do mesmo uso com que nos comunicamos diariamente. Essa transgressão da própria linguagem é proporcionada pelas metáforas necessárias à compreensão daquilo que só conseguimos saber graças à intuição de vivências para as quais não dispomos de uma linguagem concreta que as expresse.

Tomemos por exemplo estes versos de Ángel González (1992), com que o poeta descreve o desencanto existencial: "Amargo como o mar, / e desabrido / que nem um furacão, e irremediável / tal qual uma pedra em queda: / assim é o meu coração". Ou este outro: "Se há de restar algo do que fomos / é o amor que passa". O poeta transcende o significado habitual das palavras para nos colocar além do concreto, em novas vivências do transcorrer do tempo.

Diremos então que não existe uma linguagem que dê conta de uma realidade imediata nem outra, uma realidade espiritual, mas sim que tenha a intenção de fazer as palavras pronunciarem uma nova semântica dos sentidos. Não é de estranhar, portanto, que o poeta tenha de se exprimir com termos de significação às vezes demasiado distanciada da nossa percepção do mundo. E tudo isso para poder entrever um horizonte que nem sempre é descritível por meio da intervenção restritiva do nosso linguajar. Só se pode compreender essa dualidade conceitual das palavras com uma dimensão metafórica.

A metáfora ocupa na poesia o lugar do inefável, pois recorremos a ela para exprimir as vivências sutis da experiência de vida. Assim, a imagem poética consegue expressar num breve momento o muito que demoraríamos para dizê-lo – se alguém o pudesse – por meio de palavras. As imagens com que o poeta nos brinda em seus versos nada têm que ver com a representação objetiva com que dotamos os fenômenos e as relações da nossa vida cotidiana. As palavras que aportam no poema nos colocam numa desordem vivencial e sugestiva em que os fenômenos e as relações dos nossos arredores emocionais se transformam numa ordem distinta daquela com que aprendemos a observar e compreender o mundo.

O saber objetivo que se constrói sobre a base de uma experiência comparável de vivências cotidianas não pode dar conta de um saber subjetivo que não só organiza as relações da pessoa com o mundo, mas também, por sua vez, nos predispõe a entender outras relações que não se apresentam objetivamente. É certo que a poesia não pode ser utilizada para redefinir as particularidades que apreciamos na configuração do mundo nem para descobrir certas correspondências sensitivas que dificilmente poderíamos incorporar ao nosso sistema de valores. Todavia, permite-nos entrever a possibilidade de um marco ao qual podemos atribuir as novas sensações que o poeta gera em nós com seus versos.

José Agustín Goytisolo (1994), no poema "Oficio de poeta", de um lado, faz lembrar que a poesia nem explica nem descreve, mas sugere, e que é a arte da sugestão que permite apreender, junto com o poeta, novas maneiras de entender as relações e de compreender a vida.

Ofício de poeta

Contemplar as palavras
sobre o papel escritas:
medi-las sopesar
seu corpo no conjunto
do poema. E depois
– como um artesão –
afastar-se para ver
como emerge a luz
da textura sutil.

Assim é o velho ofício
de poeta, que começa
na idéia; no sopro
sobre o pó infinito
da memória; sobre
a história e os desejos
de mulheres e homens.

A matéria do canto
nos é oferecida pelas falas
com sua voz. Devolvamos
as palavras reunidas
a seus donos autênticos.

De outro lado, Ángel González (1992), poeta que canta o outono da vida, fala das contradições da pessoa do século XX com uma sutileza às vezes irônica do cotidiano: "Ontem foi quarta-feira a manhã inteira. / À tarde mudou: / virou quase segunda-feira". Talvez seja nas trevas desconcertantes do tempo que encontremos muitos dos enigmas que arrebatam o nosso poeta. A poesia tem a chave do nosso enigma vital por nos aproximar desse trânsito essencial em que a palavra do poeta transcende os sentidos mais surpreendentes de um mundo vivencial, do qual a linguagem vulgar nos afastou. O poeta sugere, e é com tal sugestão tornada verso que o constante deambular pelas imagens adquire uma dimensão que ultrapassa os sentidos mais íntimos, possibilitando a ação do pensamento e a capacidade de sentir experiências novas.

O curioso nesse processo é que algo surgido da constante delimitação de particularidades, como a das palavras, seja capaz de produzir um universo tão pleno de matizes. Escrever um poema é uma experiência original, e a compreensão de um poema, então, deve ser entendida como resultado de uma nova ordenação dos materiais que as imagens poéticas nos oferecem, as quais nos predispõem a reordenar as experiências mais íntimas e a nos aprofundarmos nas sutilezas delicadas dos sentidos. A linguagem poética é um objeto imaginário de comunicação e, assim, um ato de conhecimento que transcende a experiência pessoal.

A poesia e a função simbólica

Se a escola pretende introduzir a função da poesia na grade curricular a fim de formar os estudantes, ela deveria levar a criança a encontrar uma linguagem própria, suas formas de expressão, na poesia, sendo o meio mais idôneo para fugir à clausura do linguajar cotidiano. Uma atenção especial sobre o uso pessoal da linguagem pelas crianças faz pensar que, entre outras atividades voltadas para o imaginário, a poesia pode ajudar a reencontrar aquela linguagem que muito freqüentemente passa despercebida mesmo do próprio indivíduo. Isso implica dar às formas poéticas de expressão pessoal um tratamento de igualdade em relação ao restante do aprendizado realizado na escola.

Muitos meninos e meninas excluídos da sociedade ou com dificuldade nos estudos são, apesar disso, capazes de escutar ou escrever um poema, que lhes diz de outra maneira uma coisa diferente da que geralmente a escola exige. Ao mesmo tempo que os transporta para um universo de palavras e significados distintos dos da linguagem escolar, a linguagem poética lhes permite tomar consciência de um discurso que lhes pertence, que é mais próximo da sua realidade mais íntima, que por sua vez os coloca em contato com o que está distante deles mesmos. Assim, do mesmo modo que o desenho e a brincadeira, podemos considerar o ato poético uma forma particular do objeto transicional descrito por Winnicott (1990); ou seja, o poema escrito ou lido é um objeto que permite ao sujeito realizar uma transição entre o seu mundo mais pessoal e íntimo de experiências nas relações familiares ou com amigos e a realidade cotidiana escolar, na qual ele aprende os valores sociais estabelecidos na comunidade cultural em que vive.

Esse fenômeno, possivelmente presente em todas as culturas, é intermediário entre a realidade interior individual e a realidade exterior compartilhada. É nele que o indivíduo como tal elabora a sua experiência mais pessoal. O objeto do poema permite ao indivíduo dizer "para si" e "para os outros" e iniciar assim uma reflexão sobre a sua ocupação na vida. Ao escrever algo pessoal, o indivíduo materializa algo que é ele mesmo, que lhe pertence e se transforma num discurso curto para os seus amigos, para os pais ou para a professora. Escrever um texto pessoal, assim como escrever um poema, é uma forma de se projetar e ao mesmo tempo guardar um pouco para si mesmo. Nesse sentido, a criação de um objeto como um poema tem a função de socialização e afirmação da pessoa.

Do ponto de vista da psicologia evolutiva, a função simbólica da linguagem é a que permite ao indivíduo representar com palavras os objetos, os acontecimentos, os lugares e as pessoas. Aliás, toda apresentação é certamente uma reapresentação, isto é, a captação, por meio da imagem mental, daquilo que já se percebeu anteriormente. Parece evidente que sem esse poder de representação das palavras seria impossível escrever um poema como objeto de referência para os aspectos tanto do mundo pessoal quanto do social. A função semiótica de capacidade criadora de símbolos deixa fluir a imaginação e, com isso, permite ao indivíduo pensar em si mesmo e nos fatos que compõem a experiência de vida.

Se as contribuições da psicologia genética, com o estudo sobre a formação da capacidade de representação mental do indivíduo em desenvolvimento, influíram na didática das escolas, também é válido afirmar que hoje encontramos métodos pedagógicos que empregam, por assim dizer, os princípios de Pascal contra a imaginação, "essa demonstração de erro e falsidade". Daí a tendência de vários professores de considerar a imaginação e a função imaginativa da linguagem faculdades menos prioritárias na formação pessoal. A imaginação é tida ainda hoje como um lugar de refúgio e descanso do pensamento conceitual do indivíduo – como se o conhecimento pudesse ser obtido virando-se as costas às funções da imaginação, tão necessárias, além do mais, para construir não só imagens mentais dos conhecimentos, mas também da realidade em que esses se inserem.

Tudo isso é acentuado pela exigência social que privilegia, sem dúvida alguma, as carreiras científicas e técnicas, ao passo que, em contrapartida, cada vez mais os próprios cientistas precisam em seu trabalho de uma grande dose de imaginação, sem a qual as teorias que explicam a realidade se reduziriam a uma simples compilação de dados por interpretar.

Em seu livro *A formação do símbolo na criança*, Jean Piaget (1966) argumenta, como fizera Aristóteles, com observações claras e precisas, sobre o papel indiscutível da imitação nos processos que levam aos mecanismos da representação mental, no sentido de que os comportamentos de imitação permitem ao indivíduo interiorizar e assimilar a seu modo a fala que a criança escuta dos adultos. Paul Valéry (1997) refletiu sobre a validade da imitação para aqueles que, no momento da criação, procuram antecedentes que os tornem capazes de estabelecer uma continuidade entre o conhecido, o que se sabe e o novo que se apresenta. "O desejo de originalidade total é o pai de todas as imitações. Nada mais original, nada mais singular do que até se alimentar dos demais. Mas é preciso digeri-los." Dito de outro modo, a imitação não deveria ser uma simples repetição da linguagem do outro, mas sim uma invenção de si mesmo, de uma linguagem própria, partindo dos caminhos propostos por outros. Creio que, hoje em dia, com grande freqüência, dá-se demasiada ênfase ao aprendizado de uma língua normativa e estruturada para raciocinar e se deixa pouco espaço para o desenvolvimento de uma linguagem de relação pessoal com que o indivíduo possa exprimir suas inquietudes e vivências mais íntimas.

Em um poema autobiográfico, Gabriel Celaya (1989) associa a perda da infância e sua miríade de possibilidades à perda do mistério: "Logrei o uso da razão / perdi o uso do mistério. / Desde então, a certeza, / sempre rara, dá-me medo". Para ele, a criação junta-se ao encontro e à revelação do mistério com que a vida nos surpreende todo dia. O poeta nos incita a não abandonarmos completamente esse estado da palavra livre das significações sociais, para que cada qual possa guardar nela os seus estados de espírito mais pessoais. A palavra junta-se ao mistério do não-dito para desvelar o vivido para si mesmo e para os demais.

Aprender a língua é aprender a designar o mistério dos objetos e a descobrir que a palavra diz não só do social, mas também do pessoal. A palavra não determina a realidade mais do que quando o indivíduo a enche de referências próprias. A palavra é polissêmica. O dito socialmente não é o dito pessoalmente. Daí uma mesma palavra poder ter – e tem, de fato – significados e referentes distintos, conforme o uso que lhe seja dado. Todo aprendizado que ajude a diferenciar o significado do significante, a brincar com as palavras – não como entes lingüísticos cujo significado esteja dado antes que o indivíduo o tenha aprendido, mas como forma lingüística mediante a qual a pessoa possa dar-lhe significados múltiplos –, leva ao aprendizado da língua como instrumento de criação pessoal. Brincar com as palavras é utilizar a língua real desviando as palavras da sua finalidade básica de comunicação social.

A atividade do poeta se parece com a da criança quando brinca. Essa dispõe as coisas do seu mundo numa nova ordem para devolvê-lo à realidade. Usa elementos do mundo real para dotá-los de nova entidade de significação que, assim, é capaz de entender o real e modificá-lo. A brincadeira tem relação com a possibilidade de criar uma realidade abarcável e, portanto, compreensível para o indivíduo. O poeta cria com o verso uma possibilidade nova que permite entender o não-dito. Para agir no mundo real – o das nossas experiências – é necessário recriá-lo na imaginação para poder voltar a ele de maneira diferente. Definitivamente, trata-se de brincar com as palavras deformando ou transformando o seu significado dado socialmente para falar de si mesmo. Trata-se aí de brincar com o sentido dos signos lingüísticos, num primeiro passo em direção da autonomia, da percepção de si mesmo como diferente dos demais e capaz de prescindir da presença dos outros. Todas as formas de linguagem poética, carregadas, além do mais, de tantas funções convergentes e divergentes, procedem de um trabalho com o significante, ou seja, com a forma como expressamos os significados. Quando usa a linguagem para a livre expressão, o indivíduo explora e transforma os significantes até chegar à maneira que melhor se coadune com os sentimentos que ele quer transmitir. Essa dependência mútua entre significante e significado deixa claro que qualquer palavra não serve para expressar qualquer significado, que a forma configura, em parte, o conteúdo do que dizemos. Muitas vivências precisam de formas determinadas para se expressar; e, ao contrário, formas concretas de expressão podem nos desvelar sentimentos não experimentados anteriormente.

Com efeito, do ponto de vista pedagógico, é necessário propor aos alunos e alunas, por exemplo, que escrevam mais de uma frase sobre o que uma mesma imagem lhes sugere e analisar como cada uma abriga aspectos distintos do sentido que a gravura lhes transmite; ao mesmo tempo, porém, estudar como recriamos na imaginação um sentimento surgido da percepção visual ao expressá-lo com palavras, para adaptá-lo às exigências do significante da palavra. Desse modo, diríamos que a forma e o conteúdo se configuram mutuamente até criar uma unidade que pareça ser a única possível.

Uma das dificuldades com que as crianças deparam mais freqüentemente no aprendizado da língua como expressão livre dos seus sentimentos é o que poderíamos chamar de fluidez de expressão. Ou as palavras certas lhes faltam ou elas não as encontram para dizer o que desejam. Pouco a pouco as crianças enriquecem o seu vocabulário, assim como o conhecimento das regras lingüísticas que permitem a disposição das palavras para comunicar. Desnecessário dizer que a linguagem se constrói com palavras. Mas o nosso problema consiste em saber em que medida a prática da poesia contribui para enriquecer tanto o vocabulário como o discurso escrito das crianças. Creio que a poesia pode contribuir para que o duro aprendizado e o uso da língua se realizem em situações prazerosas. Isso porque a poesia não pode reduzir-se a fonemas ou palavras encadeadas. Ela implica textos em movimento em todos os graus: fonéticos, gráficos, figurados e icônicos. Jaime Gil de Biedma (2002), poeta espanhol, expressou isso de forma inequívoca: "Quem não lê por prazer que não me leia".

Poesia e escola

Infelizmente, sabemos que a poesia é considerada secundária no que diz respeito ao ensino da língua, do mesmo modo que a música e as artes plásticas são muitas vezes tidas, nos colégios, como matérias de segunda categoria. Ainda assim, a maioria dos alunos e alunas que têm dificuldade para aprender a escrever se encanta com essas disciplinas, por menos que os professores as apresentem como fator de desejo e prazer. Recorrem à poesia para mostrar suas inquietudes mais profundas, suas dúvidas sobre a vida, às vezes, seu problema fundamental. Vejamos, por exemplo, este poema de um adolescente de 14 anos, que nos convida a imergir nos aspectos mais existenciais da vida.

Nada

Do nada mais imenso
renascerão como esperança cativa
para os castigados com a sua realidade
amores infinitos.
Para aqueles que seguem caminhos sombrios,
que as luzes de guia sirvam aos seus olhos cegados.

Os pré-adolescentes de hoje, da sociedade midiática, atraídos pela glória dos ídolos da música e do cinema, têm a tendência de logo considerar os estudos atividades obrigatórias, mas inteiramente secundárias, e, para alguns, completamente inúteis. Nessa idade, a poesia é uma necessidade vital para todos porque não transmite obrigatoriamente informações úteis e aplicáveis de imediato, mas fala precisamente do inefável, das dúvidas existenciais e dos sentimentos amorosos que envolvem os seus afazeres diários. A poesia os une, e eles a nós. A poesia é, antes de mais nada, um objeto de leitura e, por fim, de desejo e prazer. A imaginação e a sensibilidade são envolvidas tanto quanto a inteligência. A poesia finca raízes nas mesmas fontes da linguagem e mais profundamente no ser, no corpo e no espírito do autor.

A atividade poética

As atividades de poesia em classe apresentam-se necessariamente junto com os acontecimentos e os interesses que possam surgir em razão desta ou daquela circunstância da vida escolar, acarretada por ocorrências da vida social ou pelo estudo de autores diversos. Antonio Machado, poeta modernista espanhol, é estudado em aula por alunos e alunas de 13 e 14 anos. Este poema resume o sentimento da autora ao tomar contato com os princípios poéticos de Machado (1975):

Antonio Machado

Antonio, lutador da vida,
conseguiste o que querias
embora com dificuldade.
Caminhaste por caminhos complicados
mas soubeste sair deles
e pensar a teu modo.
Sentir como tu querias
misturando beleza e alegria.
Ainda que nos tempos de solidão
ninguém te acompanhasse,
restava-te apenas
teu triste coração
que todavia tinha
grande beleza e cor.
Era como uma esperança
que ficava no interior
para que ele a buscasse
e encontrasse o amor.

A dificuldade da professora que gosta de poesia é manter essa atividade longe da simples curiosidade, do interesse, do compromisso passageiro. E isso porque a atividade poética é duradoura e a imersão poética exige certo vagar e muito tempo e trabalho. É em princípio um trabalho diferente do trabalho escolar cotidiano, mas exige esforço. Vejamos como um garoto de 14 anos explica os acontecimentos que o levaram a descobrir e gostar da poesia.

Poesia

Poesia, sem ti a arte
o mesmo não seria.
Poesia, és de muitos estilos,

até porque te quero como se fosses minha.
Poesia, quando pequeno te ouvia,
não te sabia apreciar porque não te conhecia.
Poesia, aos dez anos
sempre te lia.
Poesia, não és animal nem pessoa, mas
o poeta te reviverá. Te revive e te revivia.

A morte de um amigo, como a perda de qualquer pessoa próxima, invade a nossa vida e chega até a transtorná-la. Um garoto de 14 anos nos coloca diante dessa dor que todos sentimos por circunstâncias diversas.

Elegia à morte de um amigo

Quando falam comigo
não consigo responder,
já que meu coração chora
sem saber por quê.

Ele não o sabe,
mas eu sim,
que a perda de um amigo
não é nada feliz.

Sei que me escutas
lá no céu acima,
por isso te digo:
obrigado pelo amor e pela estima.

Se me escutas
quero que chegue a ti
esse amor que me deste
sem saber nada de mim.

Para alguns, a atividade poética implica prazer, sentimento e reflexão, mas ainda assim parece que se realiza sozinha, sem esforço algum, dando rédeas à intuição. Para outros, ao contrário, ela se inscreve no esforço de escrever e reescrever da melhor maneira possível aquilo que viveram de forma singular, de imaginá-lo de tal modo que outro leitor consiga identificar experiências suas parecidas. A professora deve convencer uns e outros de que a poesia é o prazer de imergir no imaginário, mas que isso não é possível sem o esforço para encontrar um equilíbrio entre as idéias e a experiência. O poeta Jaime Gil de Biedma (2002) não poderia ser mais preciso na sua afirmação sobre o valor da poesia quando diz: "Um livro de poemas não é senão a história do homem que é o autor, mas elevada a um grau de significação em que a vida de um passa a ser a vida de todos os homens".

Ler um poema

Escutar um poema pode ser comparado a escutar um canto. Como na música, os registros da poesia são infinitos. E você as ouve de forma diferente. Sabemos que cada leitor interpreta o poema do seu modo, recria-o na sua imaginação no que se refere às suas experiências de vida e às suas suscetibilidades. No entanto, dizer que a interpretação é pessoal não é dizer que ela seja arbitrária, pois depende em grande medida de como se lê o poema, do tempo que o autor lhe confira e do que se passa no poema. Por exemplo, leiamos o poema "Adeus", de Guillaume Apollinaire (1983), e nos detenhamos um pouco nos estremecimentos do nosso corpo ao ler sobre um tema tão nostálgico e irreversível.

Adeus

Colhi este ramo de esteva
o outono está morto recorda-te
não mais nos veremos sobre a terra
cheiro de tempo ramo de esteva
e recorda-te que eu te espero.

A respeito da pontuação, o próprio Apollinaire (1983) afirmou: "Quanto à pontuação, eu a suprimi só porque me pareceu inútil e na verdade é: o mesmo ritmo e cesura dos versos, e eis aí a verdadeira pontuação, sem que precisemos de nenhuma outra".

O tempo é um lugar-comum em toda poesia. Aí, a meditação metafísica sobre a fugacidade do tempo é expressa pelo cheiro e pelo ramo de esteva como coisas insignificantes. Ambos são um pretexto para falarmos dessa fugacidade e dessa decadência que é a vida, do pouco que resta depois de caminharmos juntos, de como é importante haver alguém que se recorde de nós. Paul Valéry (1999) sugere uma maneira de escutar ou ler um poema.

> Acima de tudo, não se apressem a captar o sentido, aproximem-se dele sem gana e quase insensivelmente. Não cheguem à ternura mais do que na música e por meio dela. Atenham-se a esse estado musical puro até o momento em que o sentido, sobrevindo pouco a pouco, seja incapaz de estragar a forma da música.

A criatividade surge desde que se reserve espaço para a surpresa, posto que é sempre o inesperado que se transforma num elemento essencial da criatividade.

Conclusão

Queira-se ou não, hoje em dia as exigências de uma tecnologia às vezes invasora fazem que a linguagem seja quase exclusivamente expositiva. Esse fato concerne tanto à cultura em geral como ao sistema educativo atual. A extraordinária revolução científica e técnica que vivemos teve como conseqüência principal a exaltação da formação científica e técnica em detrimento da formação humanista.

Em meio a essa revolução cultural sem precedentes, assistimos de alguns anos para cá à multiplicação de linguagens e procedimentos da informática sob todos os seus aspectos. A máquina calcula, escreve, escuta, produz imagens, só lhe falta pensar, uma vez que, em razão de uma espécie de erro técnico ou desconhecimento, ainda não conseguimos criar um objeto que seja nosso companheiro de viagem.

Ao saírem da escola, os jovens estão condenados a triunfar nesses âmbitos ou a viver mal à margem, cada dia mais povoada pela nossa sociedade. Em reflexões sobre sua formação de professor, Gaston Bachelard (1992) escreveu:

Tudo correu um pouco melhor na minha vida profissional quando percebi que podia, que devia levar duas vidas. Para cumprir o meu ofício de professor de Filosofia das Ciências, eu precisava continuar estudando, acompanhando o ensino dos demais, de todos aqueles que se dedicam ao trabalho ativo na cidadela científica. Mas também tinha direito à solidão, à minha solidão, a solidão dos sonhos, a solidão dos meus sonhos. Digo agora que esses sonhos se tornaram meus sonhos formadores, que o sonho forma o ser último, que um sonho de poeta pode dar-nos ordem.

Assim como o filósofo, o indivíduo de hoje deve levar uma vida dupla, caso contrário se converterá numa espécie de frio servidor dos progressos tecnológicos. Atualmente, os adolescentes vivem em total e constante dispersão. A multiplicação de atividades, tanto profissionais como de lazer, a sucessão ininterrupta de um sem-fim de informações ao longo de dias e noites, a aceleração da história e as novidades habituais para a vida de hoje e de amanhã, tudo isso provoca nos jovens, ao deixarem a escola, uma dificuldade de organizar sua vida com objetivos claros por alcançar. Sem desdenhar das demais aprendizagens que a escola fomenta, a atividade poética implica, para os que se dedicam a ela, uma concentração pessoal extraordinária. Toda leitura poética, toda escrita poética, erige-se sobre um fundo de nada, dizia Jean-Paul Sartre (1970), ou sobre "o papel nu que a sua brancura defende", segundo o célebre verso de Mallarmé (1971).

Não são os professores que ensinam a fazer arte ou a ter idéias, já que a arte e as idéias, como criação pessoal, não se ensinam, se promovem. A formação de uma pessoa vai mais além da prática, embora sem dúvida não possamos desterrar de todo essa última, pois se mostra necessária mas não suficiente. Se tudo fosse uma acumulação de saber prático, não haveria lugar para a surpresa. É certo que sempre se parte de algo, mas esse não deve nunca indicar o caminho inteiro por seguir; deve-se deixar que aflore por si esse momento incerto que se dá, precisamente, no limite entre o saber estabelecido e o desconhecido. "O novo me estimula e o velho me encanta", como diz o último verso de um célebre soneto do poeta catalão J. V. Foix (1984). É nesse espaço de dúvida que são geradas as situações inéditas, e ele constitui o preâmbulo de toda a criatividade.

Acredito, assim, numa pedagogia do equilíbrio, que tanto trabalhe com os instrumentos científicos quanto leve os estudantes a encontrar-se, na tentativa de compreender a vida. A escola é, antes de tudo, um lugar de cultura, em que a formação e o aprendizado escolar são necessários às pessoas. Aprender a ser é tão importante como adquirir conhecimento, e a poesia é, antes de tudo, uma forma de ser.

Referências bibliográficas

APOLLINAIRE, G. *Poemas*. Barcelona: Quaderns Crema, 1983.

BACHELARD, G. *Fragmentos de una poética del fuego*. Buenos Aires: Paidós, 1992. [Edição brasileira: *Fragmentos de uma poética do fogo*. Trad. Norma Telles. São Paulo: Brasiliense, 1990.]

BONNEFOY, Y. *La nube roja*. Madri: Síntesis, 2003.

CELAYA, G. *Itinerario poético*. Barcelona/Madri: Cátedra, 1989.

ELIOT, T. S. *Función de la poesía y función de la crítica*. Barcelona: Columna, 1995.

_____. *Sobre poetas y poesía*. Barcelona: Columna, 1999.

FOIX, J. V. *Obres Completes 1 – Poesía*. Barcelona: Ediciones 62, 1984.

FORTUNY, J. El acto poético como hallazgo del otro yo. In: DE LA LAMA, E. (org.). *En defensa de la tolerancia*. Barcelona: Lar del Libre, 1994.

_____. El acto poético como deseo y conocimiento. *Dos* n. 2, 1997, p. 265-80.

GARCÍA LEAL, J. *Arte y conocimiento*. Granada: Universidad de Granada, 1995.

GIL DE BIEDMA, J. *Conversaciones*. Barcelona: El Aleph, 2002.

GONZÁLEZ, A. *Palabra sobre palabra*. Barcelona: Seix Barral, 1992.

GOYTISOLO, J. A. *Como los trenes en la noche*. Barcelona: Lumen, 1994.

KANDINSKY, W. *La gramática de la creación*. Barcelona: Paidós, 1987.

_____. *De lo espiritual en el arte*. Barcelona: Labor, 1988. [Edição brasileira: *Do espiritual na arte*. São Paulo: Martins Fontes, 2000.]

MACHADO, A. *Poesías completas*. Madri: Espasa Calpe, 1975.

MALLARMÉ, S. *Antología*. Madri: Visor, 1971.

PAYERSON, L. *Conversaciones de estética*. Madri: Visor, 1988.

PIAGET, J. *La formación del símbolo en el niño*. México: FCE, 1966. [Edição brasileira: *A formação do símbolo na criança*. Rio de Janeiro: LTC, 1990.]

SARTRE, J. P. *La imaginación*. Buenos Aires: Sudamericana, 1970.

VALÉRY, P. *Eupalinos o l'arquitecte*. Barcelona: Quaderns Crema, 1997. [Edição brasileira: *Eupalinos ou o arquiteto*. São Paulo: Edições 34, 1996.]

_____. *Piezas sobre arte*. Madri: Visor, 1999.

WINNICOTT, D. W. *Realidad y juego*. Buenos Aires: Gedisa, 1990. [Edição brasileira: *O brincar e a realidade*. Trad. José Octávio de Aguiar Abreu e Vanede Nobre. Rio de Janeiro: Imago, 2002.]

Deus ludens – O lúdico na pedagogia medieval e no pensamento de Tomás de Aquino

Jean Lauand

> *Ludus est necessarius ad conversationem humanae vitae.*
> (Tomás de Aquino, *Suma teológica* II-II, 168, 3, ad 3)

Razões do lúdico na pedagogia medieval

Para facilitar uma boa compreensão do lúdico e de suas relações com a pedagogia, daremos neste capítulo algumas indicações históricas, filosóficas e teológicas sobre o lúdico no pensamento e na prática escolar medieval. Após uma breve exposição sobre a prática do lúdico na pedagogia medieval, examinamos alguns aspectos do pensamento de Tomás de Aquino (século XIII), que explicita e articula os fundamentos filosóficos e teológicos[1] do brincar.

Deus brinca. Deus cria, brincando. E o homem *deve* brincar para levar uma vida humana, como também é no brincar que encontra a razão mais profunda do mistério da realidade, que *é* porque é

---

1. Naturalmente, o pensamento de Tomás, como aliás é típico do pensamento medieval, não é puramente filosófico, mas sim – em profunda e espontânea interpenetração – filosófico-teológico. Só muito tardiamente surgirá a pretensão de uma filosofia alheia à teologia. O afã de *Voraussetzungslosigkeit*, de uma asséptica independência da teologia, é impensável para pensadores como Tomás.

"brincada" por Deus. Bastaria enunciar essas teses – como veremos, fundamentalíssimas na filosofia do principal pensador medieval, Tomás de Aquino – para reparar imediatamente que, entre os diferentes preconceitos que ainda há contra a Idade Média, um dos mais injustos é aquele que a concebe como uma época que teria ignorado (ou mesmo combatido...) o riso e o brincar.

Naturalmente, não se trata só de Tomás de Aquino; a verdade é que o "homem da época"[2] é sensível ao lúdico, convive com o riso e cultiva a piada e o brincar. Tomás, por sua vez, situa o lúdico, o brincar de Deus, nos próprios fundamentos da realidade e no ato criador da Sabedoria divina.

Assim, diante do panegírico do brincar feito por Tomás – e diante da prática do lúdico em toda a educação medieval –, torna-se difícil compreender como um erudito do porte de Umberto Eco (1983) possa ter querido situar no centro da trama de seu romance *O nome da rosa*[3] o impedimento "medieval" da leitura de um tratado de Aristóteles sobre o riso. É difícil compreender o empenho de proibir essa leitura de Aristóteles, quando o próprio Aquinate – já solenemente canonizado antes de 1327, ano em que se dá a ação do romance – vai muito mais longe do que o Estagirita no elogio do lúdico...

Antes de entrarmos em diálogo com a filosofia da educação de Tomás, apresentemos alguns significativos exemplos do lúdico na pedagogia medieval: educadores e educadoras; monges e reis; os eruditos e o povo; na educação formal e informal, freqüentemente o lúdico está informando a prática educativa. Tal fato, afinal – ao contrário do preconceito –, não é de estranhar: a própria decadência cultural que marca, desde o início, a Idade Média, muitas vezes encurta as distâncias – tão acentuadas em outras épocas – entre as culturas chamadas erudita e popular.

Assim, um primeiro fator que nos ajuda na compreensão dessa valorização medieval da cultura popular (e do lúdico) está na pró-

---

2. Passe a generalização, afinal "época" é sempre *epokhé*, uma suspensão, um subtrair à diferença.

3. E no romance S. Tomás de Aquino é citado como autoridade respeitada não só pelo abade (Eco, 1983, p. 48), mas também pelo fanático bibliotecário Jorge (p. 158), para quem o riso é o pior dos males e está disposto a matar para obstruir o acesso a um livro de Aristóteles sobre o tema (p. 529 ss).

pria situação em que surge a Idade Média: com a queda do Império Romano no Ocidente e a instalação dos reinos bárbaros, a cultura erudita sofreu um sério abalo. E é em razão da valorização exclusiva da cultura erudita que são cunhadas as próprias expressões "Idade Média" e "Renascimento", carregadas de valores e fruto da historiografia renascentista (Nunes, 1979, p. 10 ss; Pernoud, 1979, p. 17 ss). Em ambos os casos manifesta-se a auto-apreciação de uma época que pretende fazer "renascer" a erudição clássica depois de uma época "média" de mil anos. De fato, a Idade Média não tem, nem de longe, a erudição clássica, mas valoriza e fomenta a cultura popular. E é a partir do Renascimento, como faz notar Regine Pernoud, que encontramos até mesmo proibições legais da cultura popular: por exemplo, as sentenças de 1542 do Parlamento, proibindo o teatro popular – de tradição medieval – precisamente por ser popular.[4]

A primeira característica essencial da Idade Média é – para tomar as clássicas expressões de Hegel (Pieper, 1981, p. 20) – *diese Entzweiung, dies Gedoppelte*, a dualidade bárbaro-romana. O bárbaro – ainda ontem não só analfabeto, mas ágrafo – instala-se hoje, triunfante, no espaço do extinto Império Romano no Ocidente...

É nessa situação – aparentemente desesperadora – que um dos mais geniais educadores de todos os tempos, Boécio, o "último romano e primeiro escolástico" (na consagrada fórmula de Martin Grabmann), cria seu projeto pedagógico – o único cabível para a Primeira Idade Média – que consiste em manter acesa uma pequena chama-piloto, apresentando aos novos povos traduções de precários resumos da ciência e da cultura clássicas. Esse projeto pode-se sintetizar na sentença do começo do livro II do *Ars geometrica*: "*Quamvis succincte tamen sunt dicta*"; embora resumida e precariamente, aí estão traduzidos os fundamentos da cultura antiga...[5]

---

4. "Tanto os artesãos como os tocadores de música são pessoas ignaras, operários mecânicos, que não sabem A nem B, e que jamais foram instruídos e, além disto, não têm língua fecunda, nem linguagem própria, nem sequer os acentos da pronúncia decentes... estas pessoas não letradas, de condição infame, como um marceneiro, um sargento, um tapeceiro, um vendedor de peixes, estão a representar os Atos dos Apóstolos..." (citado por Pernoud, 1979, p. 46-7).

5. Trato desse projeto pedagógico de Boécio nos capítulos dedicados a esse educador em Lauand (1990 e 1998).

Outros educadores (Cassiodoro, Beda, Isidoro, Alcuíno) seguiram o paradigma boeciano – *succincte tamen*... – e, bem ou mal, a cultura antiga foi de algum modo preservada, até haver condições, no século XII, de um "renascimento".[6]

Outro aspecto pouco lembrado e que guarda relação com o lúdico é o fato – específico da época – de a Idade Média ser, em diversos sentidos, jovem. A juventude e a velhice não se predicam só das pessoas singulares, mas também das épocas e regiões. Pieper (1981, cap. V) faz notar que a média de idade dos grandes autores da época – passe o trocadilho, estamos falando de lúdico –, "a idade média na Idade Média", está entre 20 e 30 anos: "Nada mais inexato do que imaginar monges de barba branca, afastados do mundo em sua cela, caligrafando sutis tratados em pergaminhos" (ibidem, p. 71).

É também por esse caráter jovem dos novos povos que a Idade Média cultiva o lúdico. Embora se refira ao lúdico em sentido muito mais amplo de que o nosso brincar, cabe aqui a conclusão de Huizinga (1971, p. 85) em seu clássico *Homo ludens*:

> À medida que uma civilização vai se tornando mais complexa e vai se ampliando e revestindo-se de formas mais variadas e que as técnicas de produção e a própria vida social vão se organizando de maneira mais perfeita, o velho solo cultural vai sendo gradualmente coberto por uma nova camada de idéias, sistemas de pensamento e conhecimento; doutrinas, regras e regulamentos; normas morais e convenções que perderam já toda e qualquer relação direta com o [lúdico] jogo [*Spiel*].

Quatro educadores medievais e o lúdico

Já brinquei de bola, já soltei balão,
mas tive que fugir da escola para aprender esta lição.

(Chico Buarque, *Meu refrão*)

---

6. Naturalmente, a escolástica, no sentido fundacional boeciano, deve ser entendida como aprendizagem pouco original dos rudimentos de saberes, que só séculos depois terão condições de florescer. É a chama-piloto que só no século XII receberá combustível para dar lugar a um renascimento: da escola monástica passar-se-á à universidade; dos livros de *Sentenças* às Sumas.

Nesta "grande aprendizagem" que é a pedagogia medieval, destaquemos – de modo necessariamente breve – quatro autores que, entre tantos outros, praticaram amplamente o lúdico na educação.

Alcuíno

O homem mais erudito de seu tempo, Alcuíno ensina por meio de adivinhas, charadas e anedotas. E consubstancia formalmente seu princípio pedagógico numa carta dirigida ao imperador Carlos Magno: "Deve-se ensinar divertindo!"[7]

Antológico, nesse sentido, é o diálogo entre Alcuíno[8] e Pepino, então um garoto de 12 anos. Junto com a discussão dos grandes temas existenciais – o que são a vida e a morte; o que é o homem etc. –, o mestre propõe divertidas charadas ao aprendiz: "Psst, não conta para ninguém, quero ver se você sabe qual é a caçada na qual o que apanhamos não trouxemos conosco e o que não pudemos caçar, sim, trouxemos conosco". O menino, prontamente, responde – mostrando que sabe – que é a caçada feita pelo caipira (os piolhos: os piolhos que "caçamos" não os trazemos conosco; os que não conseguimos caçar, sim, trazemos conosco! – fala 184).

E assim prossegue o jogo das adivinhas (fala 155 e ss):

O que é que faz doce o amargo?
A fome.
O que é que faz com que o homem não se canse?
O lucro.
Agora há pouco, vi um homem, em pé, que nunca existiu, um morto andando.
Desvenda-me como pode ser isso.
A imagem refletida na água.
Como é que eu, tendo tantas vezes visto isso, não o entendi por mim mesmo?
Um desconhecido, sem língua e sem voz, falou comigo; ele nunca existiu, nem existirá. É alguém que não conheço nem ouviria
Acaso um sonho te importunou, mestre?
Etc.

---

7. Epístola 101, in *PL* 100, 314, C.
8. Os dois próximos textos citados encontram-se em Lauand (1990).

Nas escolas monásticas, o lúdico e o jocoso tinham, além do caráter motivacional, outra função pedagógica: aguçar a inteligência dos jovens. *Ad acuendos iuvenes*[9] é mesmo o título de diversas coletâneas de exercícios de aritmética. Nelas encontramos divertidos problemas como o seguinte:

> Problema do boi. Um boi que está arando todo o dia, quantas pegadas deixa ao fazer o último sulco?
> Resposta: Nenhuma, em absoluto: as pegadas do boi, o arado as apaga. (p. 98)

E outros problemas com que ainda hoje entretemos as crianças:

> Certo homem devia passar de uma a outra margem de um rio um lobo, uma cabra e um maço de couves. E não pôde encontrar outra embarcação a não ser uma que só comportava dois entes de cada vez, e ele tinha recebido ordens de transportar ilesa toda a carga. Diga, quem puder, como fez ele a travessia?

Petrus Alfonsus

Se, a propósito de Alcuíno, vimos o lúdico no ensino das escolas monásticas e na escola palatina, Petrus Alfonsus, por volta de 1100, inclui em sua *Disciplina clericalis*[10] – obra escrita para a formação do clero – uma coleção de anedotas para servir de exemplo na pregação! O personagem principal é *Maimundus Nigrus*, o preto Maimundo, um servo preguiçoso e espertalhão (uma espécie de Macunaíma ou de Pedro Malasartes) que sempre se sai bem:

> O senhor de Maimundo ordenou-lhe, certa noite, que fosse fechar a porta. Maimundo – que, oprimido pela preguiça, nem podia se levantar – respondeu que a porta já estava fechada.
> Ao alvorecer, disse-lhe o senhor:

---

9. Ao próprio Alcuíno é atribuída uma série de divertidos problemas "para aguçar a inteligência dos jovens".

10. Cito pela tradução das anedotas da *Disciplina clericalis* que se encontra em Lauand (1998).

– Maimundo, vai abrir a porta.

– Como eu sabia que o senhor havia de querê-la aberta hoje, nem cheguei a fechá-la ontem.

O senhor, percebendo que, por preguiça, não a tinha fechado, disse-lhe:

– Levanta-te e faz o que tens de fazer, pois é dia e o sol já está a pino.

– Se o sol já está a pino, então dá-me de comer – respondeu Maimundo.

– Servo mau, nem amanheceu e já queres comer?

– Bom, se não amanheceu, então deixa-me continuar dormindo. (p. 247)

Outro exemplo:

Anedota do Pastor e do Mercador: Um pastor sonhou que tinha mil ovelhas. Um mercador quis comprá-las para revendê-las com lucro e queria pagar duas moedas de ouro por cabeça. Mas o pastor queria duas moedas de ouro e uma de prata por cabeça. Enquanto discutiam o preço, o sonho foi-se desvanecendo. E o vendedor, dando-se conta de que tudo não passava de um sonho, mantendo os olhos ainda fechados, gritou: "Uma moeda de ouro por cabeça e você leva todas..." (p. 249-50)

Rosvita de Gandersheim

No mosteiro beneditino de Gandersheim – na época de nossa educadora (em torno do ano 1000) um importante centro cultural, onde havia monjas de cultura esplendorosa –, Rosvita, após um hiato de séculos, reinventa o teatro, reintroduz a composição teatral no Ocidente e compõe seis peças de caráter educativo. A peça *Sapientia* [Sabedoria], por exemplo, traz embutida toda uma aula de matemática! A peça narra o processo de Santa Sabedoria e de suas três filhas chamadas Fé, Esperança e Caridade, que são denunciadas por Antíoco ao imperador Adriano, acusadas de praticar a religião cristã. As meninas (de 12, 10 e 8 anos, respectivamente) são interrogadas e, pela persistência na fé, sucessivamente martirizadas.

O teatro de Rosvita volta-se para a educação. Nesse sentido, um momento da peça especialmente importante ocorre quando, com claros propósitos didáticos, Rosvita brinda-nos com uma aula de matemática no ato III, 31 e ss. Quando o imperador pergunta a idade das meninas, Sabedoria aproveita para desenvolver conceitos – fundamentais para a época – extraídos do *De arithmetica* de Boécio (*PL* 63, 1085-1089):

número parmente par – são as nossas potências de 2.

parmente ímpar – o dobro de um número ímpar.

imparmente par – produto de um ímpar por um parmente par.

denominação e *quantidade* – são os fatores de um produto.

número perfeito – é um número n, tal que a soma de seus divisores (a menos do próprio n) dá n. Se essa soma for maior do que n, o número diz-se *excedente*; se menor, *deficiente*.

Rosvita sabe que 6, 28, 496 e 8.128 são perfeitos. E conhece o critério para a geração de números perfeitos: $p = (2^n - 1).2^{n-1}$ será perfeito, se $(2^n - 1)$ for primo.

E apresenta as personagens femininas como cultas e sensíveis, enquanto os homens são toscos e grosseiros.

ADRIANO: Quantos anos têm?

SABEDORIA: (sussurrando) Agrada-vos, ó filhas, que perturbe com um problema aritmético a este tolo?

FÉ: Claro, mamãe, porque nós também ouviremos de bom grado.

SAB.: Ó Imperador, se tu perguntas a idade das meninas: Caridade tem por idade um número deficiente que é parmente par; Esperança, também um número deficiente, mas parmente ímpar; e Fé, um número excedente mas imparmente par.

ADR.: Tal resposta me deixou na mesma: não sei que números são!

SAB.: Não admira, pois, tal como respondi, podem ser diversos números e não há uma única resposta.

ADR.: Explica de modo mais claro, senão não entendo.

SAB.: Caridade já completou 2 olimpíadas; Esperança; 2 lustros; Fé, 3 olimpíadas.

ADR.: E por que o número 8, que é 2 olimpíadas, e o 10, que é 2 lustros, são números deficientes? E por que o 12, que perfaz 3 olimpíadas, se diz número excedente?

SAB.: Porque todo número, cuja soma de suas partes (isto é, seus divisores) dá menor do que esse número, chama-se deficiente, como é o caso de 8. Pois os divisores de 8 são: sua metade – 4, sua quarta parte – 2 e sua oitava parte – 1, que, somados, dão 7. Assim também o 10, cuja metade é 5, sua quinta parte é 2 e sua décima parte, 1. A soma das partes do 10 é portanto 8, que é menor do que 10. Já no caso contrário, o número diz-se excedente, como é o caso do 12. Pois sua metade é 6, sua terça parte, 4, sua quarta parte, 3, sua sexta parte, 2 e sua duodécima parte, 1. Somadas as partes, temos 16.

Quando, porém, o número não é excedido nem inferado pela soma de suas diversas partes, então esse número é chamado número perfeito. É o caso do 6, cujas partes – 3, 2 e 1 – somadas dão o próprio 6. Do mesmo modo, o 28, 496 e 8.128 também são chamados números perfeitos.

ADR.: E quanto aos outros números?

SAB.: São todos excedentes ou deficientes.

ADR.: E o que é um número parmente par?

SAB.: É o que se pode dividir em duas partes iguais e essas partes em duas iguais, e assim por diante, até que não se possa mais dividir por 2, porque se atingiu o 1 indivisível. Por exemplo, 8 e 16 e todos os que se obtenham a partir da multiplicação por 2 são parmente pares.

ADR.: E o que é parmente ímpar?

SAB.: É o que se pode dividir em partes iguais, mas essas partes já não admitem divisão (por 2). É o caso do 10 e de todos os que se obtêm, multiplicando um número ímpar por 2. Difere, pois, do tipo de número anterior, porque naquele caso o termo menor da divisão é também divisível; neste, só o termo maior é apto para a divisão.

No caso anterior, tanto a denominação como a quantidade são parmente pares; já aqui, se a denominação for par, a quantidade será ímpar; se a quantidade for par, a denominação será ímpar.

ADR.: Não sei o que é isto de denominação e quantidade.

SAB.: Quando os números estão em "boa ordem", o primeiro se diz menor e o último, maior. Quando, porém, se trata da divisão, a denominação é quantas vezes o número se der. Já o que constitui cada parte é o que chamamos quantidade.

ADR.. E o que é imparmente par?

SAB.: É o que – tal como o parmente par – pode ser dividido não só uma vez, mas duas e, por vezes, até mais. No entanto, atinge a indivisibilidade (por 2) sem chegar ao 1.

ADR.: Oh! que minuciosa e complicada questão surgiu a partir da idade destas menininhas!

Rosvita, em suas peças, combina drama e comédia. Entre inúmeras outras situações cômicas, destacamos a hilariante seqüência das cenas IV a VII da peça *Dulcício*.

O governador pagão, Dulcício, está encarregado da impossível tarefa de demover três virgens cristãs – Ágape, Quiônia e Irene – de sua fé. Confiante em seu poder de sedução e atraído pela beleza das moças, manda trancafiá-las na despensa, ao lado da cozinha do palácio, e, de noite – enquanto elas cantam hinos a seu Deus –, Dulcício vai invadir a despensa, mas tomado de súbita loucura equivoca-se, entra na cozinha e acaba, sofregamente, abraçando e beijando os caldeirões e panelas, tomando-as pelas prisioneiras, que o espiam pelas frestas e vêem-no cobrir-se de fuligem etc. Só quem ignora o papel do lúdico na pedagogia medieval pode se surpreender que uma mulher, uma monja, numa composição devota, para ser encenada no mosteiro, inclua uma cena "escabrosa" como essa.

D. Alfonso X, o Sábio

O *Libro del Acedrex*, o primeiro tratado de xadrez do Ocidente, composto em 1283 por Alfonso, o Sábio, começa pela rotunda afirmação:

> Deus quis que os homens naturalmente tivessem todas as formas de alegria para que pudessem suportar os desgostos e tribulações da vida, quando lhes sobreviessem. Por isso os homens procuraram muitos modos de realizar com plenitude tal alegria e criaram diversos jogos que os divertissem [...] E esses jogos são muito bons etc.[11]

Algumas características comuns aos educadores medievais

Há algo em comum nessas destacadas figuras medievais; cada um deles situa-se como um dos mestres mais eruditos de seu tempo (e com uma pedagogia de caráter acentuadamente popular). Além

---

11. Cito pela tradução que está em Lauand (1988).

do mais, são pioneiros. Alcuíno é quem inicia a escola palatina; Petrus Alfonsus introduz a fábula na literatura medieval; Rosvita reimplanta o teatro; e é de D. Alfonso o primeiro tratado de xadrez do Ocidente. Todos eles estão pagando um tributo a Boécio, mas, além disso, estão afirmando o lúdico – em charadas, teatro, anedotas ou jogos – como necessário para a educação. Coincidem também – e com isso tocamos em um segundo elemento essencial da Idade Média – em convocar a religião como fundamento, uma espécie de "tema transversal" (diríamos hoje), onipresente no ensino medieval.

No diálogo de Alcuíno e Pepino, a seqüência de adivinhas começa quando o menino pergunta: "O que é a fé?" (fala 165). Ao que o mestre responde: "A certeza das coisas não sabidas e *admiráveis*". Ora, *admirável* (*mirum*) é precisamente um termo para designar adivinha: as adivinhas servem de modelo para a fé. Tanto num como noutro caso, temos já uma revelação, mas não ainda a luz total, que só vem com a resolução do enigma e, no caso da fé, com a *visio beatifica* (a ligação dos enigmas com a fé remonta ao apóstolo Paulo, ao Pseudo-Dionísio Areopagita etc.).[12]

Petrus Alfonsus usa suas anedotas para a formação do clero e tira conseqüências espirituais delas. Assim, a anedota da venda das ovelhas é utilizada para ilustrar a máxima religiosa: "As riquezas deste mundo são transitórias como os sonhos de um homem que dorme e, ao despertar, perde, irremediavelmente, tudo quanto tinha..." (p. 250).

Também Rosvita apresenta suas peças com explícitos objetivos religiosos. Na seqüência de *Dulcício* que selecionamos, pode-se empreender – como o fazem críticos feito Sticca e Bertini – também uma interpretação alegórica – sempre tão presente na Idade Média e em Rosvita (Sticca, 1970, citado por Bertini, 1979, p. 62): a noite, a despensa, as panelas, a fuligem, o próprio Dulcício são projeções simbólicas do Inferno e do demônio. Nessa linha, o imperador Diocleciano, Dulcício e seu assistente Sisínio representam, respectiva-

---

12. São Paulo, referindo-se à fé, diz: "Presentemente vemos de modo confuso como por um espelho em *enigmas* (*in aenigmate*); mas então veremos face a face" (I Cor 13, 12). E na *Hierarquia eclesiástica* do Pseudo-Dionísio Areopagita reencontramos a metáfora do enigma: nos mistérios da revelação e da Liturgia – *Hierarquia eclesiástica*: 2, 3, 1; 3, 3, 3 e 5, 1, 2.

mente, os clássicos inimigos do cristão: o mundo, o demônio e a carne, epicamente vencidos pelas virtudes (alegorizadas nos nomes das virgens mártires) da caridade (Ágape), da pureza (Quiônia – nívea) e da paz (Irene).

Finalmente, D. Alfonso atribui o xadrez e os jogos à vontade de Deus.

Se a cultura erudita medieval tem já esse cunho popular e lúdico, o que não dizer das manifestações culturais espontâneas do povo: o teatro anônimo, os cantadores de feiras etc.? (Lauand, 1995)

O lúdico em Tomás de Aquino

> *Não está totalmente errado o tipógrafo quando*
> *troca "cósmico" por "cômico"*
>
> Chesterton

A base ético-antropológica do ludus

Voltemo-nos agora para o alcance e o significado do lúdico em Tomás de Aquino.[13] Como dizíamos, se há uma marca característica da cultura medieval, é precisamente o fato de que toda a cultura, na época, era pensada em termos religiosos: a religião como o "tema transversal", por excelência e radicalmente.

Quando, no século XII, ocorre a redescoberta de Aristóteles (ou a do "Aristóteles arabizado") no Ocidente, a cristandade medieval é confrontada, pela primeira vez, com uma completa visão de mundo elaborada à margem do cristianismo. A divisão que esse fato produz entre os eruditos é fácil de prever: surgem, por assim dizer, dois partidos: de um lado, o daqueles que se aferram ao enfoque tradicional, "espiritualista", e, de outro, o daqueles que se fascinam com a investigação natural – à margem da Bíblia – propiciada pelo referencial aristotélico. Tomás – junto com Alberto Magno – está no meio, sofrendo incompreensões por parte dos dois bandos, enfrentando o desafio de

---

13. Citarei Tomás pelo texto latino da edição eletrônica de Roberto Busa (1992).

harmonizar a teologia bíblica com a plena aceitação da realidade natural, a partir de Aristóteles (Pieper, 1981, cap. VII e IX).

O tratamento dado ao brincar é bastante representativo dessa postura de Tomás: por um lado, ele segue a antropologia da *Ética a Nicômaco* nos dois breves estudos que tematicamente dedicou ao tema: os artigos 2 a 4 da questão 168 da II-II da *Suma teológica* e o *Comentário à Ética de Aristóteles* IV, 16. Seu ponto de vista em ambos é antropológico e ético: o papel do lúdico na vida humana, a necessidade de brincar, as virtudes e os vícios no brincar. Por outro lado, em outras obras (e de forma não-sistemática), guiado pela Bíblia, aprofunda de modo inesperado e radical no papel do lúdico na constituição do ser.

O *ludus* de que Tomás trata na *Suma* e na *Ética* é, sobretudo, o brincar do adulto (embora se aplique também ao brincar das crianças). É uma virtude moral que leva a ter graça, bom humor, jovialidade e leveza no falar e no agir, para tornar o convívio humano descontraído, acolhedor, divertido e agradável (ainda que possam se incluir nesse conceito de brincar também as brincadeiras propriamente ditas). Ao falarmos do lúdico, note-se que nos escritos de Tomás *ludus* e *iocus* são praticamente sinônimos.[14]

O papel que o lúdico adquire na ética de Tomás decorre de sua própria concepção de moral: *a moral é o ser do homem*,[15] doutrina sobre o que o homem é e está chamado a ser. A moral é um processo de auto-realização do homem;[16] um processo levado a cabo livre

---

14. Em latim, a palavra *iocus* tende a ser mais empregada para brincadeiras verbais: piadas, enigmas etc. *Ioca monachorum*, por exemplo, é o título que designa as coleções de charadas, enigmas e brincadeiras verbais dos monges nos mosteiros medievais. A forma inglesa *joke* conserva essa ênfase no verbal. Já *ludus* – da qual se originaram as nossas *aludir, deludir, desiludir, eludir, iludir, includível, interlúdio, ludâmbulo, ludibriar, lúdico, prelúdio* etc. – refere-se mais ao brincar não-verbal: por ação. No entanto, no século XIII *iocus* e *ludus* empregam-se freqüentemente como sinônimas. Assim, por exemplo, diz Tomás: "As palavras ou ações – nas quais se busca só a diversão – chamam-se lúdicas ou jocosas", "A diversão acontece por brincadeiras (*ludicra*) de palavra e de ação (*verba et facta*)" (II-II, 168, 2, c).

15. Cf., por exemplo, o Prólogo da parte II da *Suma teológica*.

16. É o que significa, por exemplo, a caracterização, tantas vezes por ele repetida, da virtude como *ultimum potentiae*.

e responsavelmente e que incide sobre o nível mais fundamental, o do ser-homem: "Quando porém se trata da moral, a ação humana é vista como afetando não a um aspecto particular mas à totalidade do ser do homem... ela diz respeito ao que se é enquanto homem" (I-II, 21, 2 ad 2).

A moral, assim entendida, pressupõe conhecimento sobre a natureza humana (e, em última instância, a Deus, como seu autor). A forma imperativa dos mandamentos ("Farás x...", "Não farás y...") na verdade expressa enunciados sobre a natureza humana: "O homem é um ser tal que sua realização requer x e é incompatível com y". E numa sentença só à primeira vista surpreendente: "As virtudes nos aperfeiçoam para que possamos seguir devidamente nossas inclinações naturais" (II-II, 108, 2).

Ludus *e educação na* Suma *e na* Ética

Na *Suma teológica*, Tomás, sem a preocupação de glosar, trata do brincar mais livremente do que o faz no *Comentário à Ética*.

A afirmação central da valorização do brincar encontra-se na já citada sentença: "*Ludus est necessarius ad conversationem humanae vitae*" [O brincar é necessário para a vida humana (e para uma vida humana)]. A razão dessa afirmação (como sempre, o ser do homem) a encontraremos desenvolvida no artigo 2 (da questão 168): Tomás afirma que, assim como o homem precisa de repouso corporal para restabelecer-se, pois, sendo suas forças físicas limitadas, não pode trabalhar continuamente, também precisa de repouso para a alma, o que é proporcionado pela brincadeira.[17]

Essa "re-creação" pelo brincar – e a afirmação de Tomás (ainda na questão 168) pode parecer surpreendente à primeira vista – é tanto mais necessária para o intelectual e para o contemplativo que são os que, por assim dizer, mais "desgastam" as forças da alma, arrancando-a do sensível. E, "sendo os bens sensíveis conaturais ao homem", as atividades racionais mais requerem o brincar.

---

17. É interessante observar que, assim como a palavra "refeição" indica um "re-fazer-se" das forças físicas, assim também pelo recreio há uma "re-criação" das forças da alma.

Daí decorrem importantes conseqüências para a filosofia da educação: o ensino não pode ser aborrecido e enfadonho: o *fastidium* é um grave obstáculo para a aprendizagem.[18]

Em outro lugar da *Suma teológica*, no tratado sobre as paixões, Tomás – jogando com as palavras – analisa um interessante efeito da alegria e do prazer (*delectatio*) na atividade humana: o efeito que ele chama metaforicamente de *dilatação* (*dilatatio*), que amplia a capacidade de aprender tanto em sua dimensão intelectual quanto na da vontade (o que designaríamos hoje por motivação). *Delectatio/dilatatio*, a deleitação produz uma dilatação essencial para a aprendizagem.[19] E, reciprocamente, a tristeza e o fastio produzem um estreitamento, um bloqueio, ou, para usar a metáfora de Tomás, um peso (*aggravatio animi*), também para a aprendizagem (I-II, 37, 2 ad 2). Por isso em II-II, 168, 2 ad 1, Tomás recomenda o uso didático de brincadeiras e piadas: para descanso dos ouvintes ou alunos.

Não é de estranhar, portanto, que, tratando do relacionamento humano, Tomás chegue – com um realismo prosaico – a afirmar a necessidade ética de um trato divertido e agradável, baseado no fato (empírico) tão simples de que: "Ninguém agüenta um dia sequer com uma pessoa aborrecida e desagradável".[20]

Daí que exista uma virtude do brincar: a eutrapelia. E há também vícios por excesso e por falta: as brincadeiras ofensivas e ina-

---

18. *Suma teológica*, Prólogo.

19. Diz Tomás: "A largura é uma dimensão da magnitude dos corpos e só metaforicamente se aplica às disposições da alma. 'Dilatação' indica uma extensão, uma ampliação de capacidade, e se aplica à 'deleitação' (Tomás joga com as palavras *dilatatio-delectatio*) com relação a dois aspectos. Um provém da capacidade de apreender que se volta para um bem que lhe convém e por tal apreensão o homem percebe que adquiriu uma certa perfeição que é grandeza espiritual: e por isso se diz que pela deleitação sua inteligência cresceu, houve uma dilatação. O segundo aspecto diz respeito à capacidade apetitiva que assente ao objeto desejado e repousa nele como que abrindo-se a ele para captá-lo mais intimamente. E assim se dilata o afeto humano pela deleitação, como que entregando-se para acolher interiormente o que é agradável" (I-II, 33, 1).

20. *"Non posset vivere homo in societate... sine delectatione, quia sicut Philosophus dicit"*, in *VIII Ethic.*: *"Nullus potest per diem morari cum tristi, neque cum non delectabili". "Et ideo homo tenetur ex quodam debito naturali honestatis ut homo aliis delectabiliter convivat..."* (II-II, 114, 2 ad 1).

dequadas, por um lado, e a dureza e a incapacidade de brincar (também um pecado), por outro.

Basicamente, as mesmas teses da *Suma* reaparecem no comentário de Tomás aos pontos da *Ética a Nicômaco* que Aristóteles dedica à virtude do brincar. O comentário do Aquinate é cerca de três vezes mais volumoso do que o original aristotélico (1127 b 30 – 1128 b 10), e segue passo a passo a tradução de que Tomás dispunha. Tal tradução, se bem que muito boa para os padrões da época, é obscura em certas passagens, como naquela em que se dá a própria interpretação da palavra "eutrapelia". Quando Aristóteles se vale do vocábulo "eutrapelia", ele está comparando essa virtude da alma à agilidade como qualidade do corpo: "o bem voltar-se" corporal, com flexibilidade e desembaraço. Já o significado que a tradução deu a *eutrapelus, bene vertente*, sugere a Tomás a errônea (mas feliz) interpretação "aquele que bem converte", aquele que "converte" adequadamente em riso as incidências do cotidiano.[21] Também na *Ética*, Tomás retoma os temas do brincar como virtude e os pecados por excesso e por falta: "Aqueles que não querem dizer algo engraçado e se irritam com os que o dizem, na medida em que assim se agastam, tornam-se como que duros e rústicos, não se deixando abrandar pelo prazer do brincar" (853).

O ludus *na teologia da obra criadora divina*

O lúdico, tão necessário para a vida e para a convivência humana, adquire na teologia de Tomás um significado antropológico ainda mais profundo. Ele se baseia especialmente em duas sentenças bíblicas, que, na tradução de que ele dispõe, têm as seguintes formulações:

Cum eo eram cuncta componens et delectabar per singulos dies ludens coram eo omni tempore, ludens in orbe terrarum et deliciae

---

21. "Aristóteles mostra o que é o termo médio da virtude no brincar. E diz que aqueles que se portam convenientemente no que diz respeito ao brincar são chamados *eutrapeli*, que significa 'os que bem convertem', porque convertem em riso, de modo conveniente e versátil, as coisas que se dizem ou fazem" (854). Cito pela minha tradução em Lauand (1998, p. 292).

meae esse cum filiis hominum (Prov. 8, 30-31). [Com Ele estava eu, compondo tudo, e eu me deleitava em cada um dos dias, brincando diante dEle o tempo todo, brincando no orbe da terra e as minhas delícias são estar com os filhos dos homens.]

Praecurre prior in domum tuam, et illuc advocare et illic lude, et age conceptiones tuas (Eclo. 32, 15-16). [Corre para tua casa, e lá recolhe-te e brinca e realiza tuas concepções.]

Para Tomás, o brincar é coisa séria. Para ele, é o próprio Deus-Filho, o *Logos*, o *Verbum*, o Filho, a Inteligência Criadora de Deus, quem profere as palavras de Prov. 8, 30: "A própria Sabedoria fala em Prov. 8, 30: 'Com Ele estava eu etc.'. E esse atributo encontra-se especialmente no Filho, enquanto imagem de Deus invisível e por cuja Forma tudo foi formado [...], pois como diz João I, 3: 'Tudo foi criado por Ele'".[22]

Nesses versículos encontram-se os fundamentos da criação divina e da possibilidade de conhecimento humano da realidade. Antes de mais nada, Tomás sabe que não é por acaso que o evangelho de João emprega o vocábulo grego *Logos* (razão) para designar a segunda pessoa da Santíssima Trindade: o *Logos* é não só imagem do Pai, mas também *princípio* da Criação, que é, portanto, obra inteligente de Deus: "estruturação por dentro", projeto, *design* das formas da realidade, feito por Deus por meio de seu Verbo, o *Logos*.

Assim, para Tomás, a criação é também um "falar" de Deus, do *Verbum* (razão, razão materializada em palavra): as coisas criadas são porque são pensadas e "proferidas" por Deus, e *por isso* são cognoscíveis pela inteligência humana.[23] Nesse sentido, encontramos aquela feliz formulação do teólogo alemão Romano Guardini, que afirma o "caráter de palavra" (*Wortcharakter*) de todas as coi-

---

22. "*Et ipsa sapientia loquitur, Prov. 8, 30: 'Cum eo eram cuncta componens'. Hoc etiam specialiter Filio attributum invenitur, inquantum est imago Dei invisibilis, ad cujus formam omnia formata sunt: unde Col. 1, 15: qui est imago Dei invisibilis, primogenitus omnis creaturae, quoniam in ipso condita sunt universa; et Joan. 1, 3: omnia per Ipsum facta sunt*". (In I Sent.)

23. Não é por acaso que Tomás considera que "inteligência" é *intus-legere* ("ler dentro"): a *ratio* do conceito na mente é a *ratio* "lida" no íntimo da realidade.

sas criadas. Ou, em sentenças quase poéticas de Tomás: "as criaturas são palavras"; "Assim como a palavra audível manifesta a palavra interior,[24] também a criatura manifesta a *concepção* divina [...] as criaturas são como palavras que manifestam o Verbo de Deus" (In I Sent. d. 27, 2, 2 ad 3).

Esse entender a Criação como pensamento de Deus, "fala" de Deus, foi muito bem expresso em uma aguda sentença de Sartre (1973, p. 11) (ainda que para negá-la): "Não há natureza humana porque não há Deus para a conceber". E essa mesma palavra – *conceptio* – é essencial na interpretação de Tomás.

Como num brinquedo ou jogo, o *Verbo*, que é *Verbum ludens*, compõe (*componens*) a articulação intelectual das várias partes e diversos momentos da criação. Pois o ato criador de Deus não é um mero "dar o ser", mas um "dar o ser" que é *design*, projeto intelectual do Verbo:[25] "(Qualquer criatura...) Por ter uma certa forma e espécie representa o Verbo, porque a obra procede da concepção de quem a projetou" (I, 45, 8).

A criação como "brinquedo de composição" liga-se também ao modo como Tomás – seguindo, aliás, uma tradição patrística – encara as "três obras"[26] dos seis dias da criação (McCarthy, 1993): criação (propriamente dita, *opus creatus*, no primeiro dia), distinção (*opus distinctionis*, no segundo e terceiro dias) e ornamento (*opus ornatus*, quarto, quinto e sexto dias).[27] Para ele, seguindo Agosti-

---

24. O conceito, a idéia.

25. *"Deus Pater operatus est creaturam per suum Verbum"*, "Deus Pai opera a Criação pelo seu Verbo..." (I, 45, 6).

26. "Na recapitulação da obra divina, diz Gn 2,1: 'Assim perfizeram-se os céus e a terra com todos seus ornamentos'. Nessas palavras, podem-se distinguir três obras: a obra da criação, que produziu os céus e a terra, porém informes; a obra da distinção, que perfez os céus e a terra [...] e a estas duas deve-se ajuntar a obra de ornamento. Ornamento difere de perfazer, pois a perfeição do céu e da terra parece referir-se à sua constituição intrínseca, enquanto o ornamento refere-se a coisas que lhes são distintas: tal como um homem, que se perfaz pelas suas próprias partes e formas e é ornamentado pelas vestes ou coisas do gênero [...] Assim, é próprio da obra de ornamento a produção de coisas que se movem tanto no céu como na terra" (*Summa Th.* I, 70, 1).

27. *"Considerandum est de creatura corporali. In cuius productione tria opera scriptura commemorat, scilicet opus creationis, cum dicitur: "In principio creavit Deus caelum et terram, etc."; opus distinctionis, cum dicitur:*

nho, essas três obras do relato dos seis dias do início da Bíblia são obra do Verbo.[28]

Tomás – como, aliás, toda a tradição medieval – tem um extraordinário desembaraço em interpretar a Bíblia. As palavras com que se abrem os livros sagrados, "No princípio...", são entendidas por ele *pessoalmente* – na pessoa do Verbo – e não adverbialmente: "no começo"... Essa atitude lhe dá, como veremos, inesperadas possibilidades exegéticas. Comecemos, seguindo sua análise – em *Comentário às Sentenças* I – do já tantas vezes citado versículo de *Provérbios*: "Com Ele estava eu, compondo tudo, e eu me deleitava em cada um dos dias, brincando diante dEle o tempo todo...".

"*Com Ele estava eu, compondo tudo*" – O Verbo estava junto ao Pai (em outro lugar, Tomás explica[29] que esse "Com Ele estava eu, compondo tudo" significa que o Verbo estava com Ele, Deus Pai, como *princípio* da Criação.

"*Eu me deleitava*", *delectabar*, compartilhando a glória do Pai. (In I Sent. d.2 q.1 a.5 ex).

"*Brincando*", *ludens*, a sabedoria de Deus cria brincando, pois é próprio da sabedoria o ócio da contemplação, tal como se dá nas atividades do brincar, que não se buscam por um fim que lhes é extrínseco, mas pelo prazer que dão por si mesmas (In I Sent. d.2 q.1 a.5 ex).

"*Em cada um dos dias.*" É precisamente quando comenta esse "*per singulos dies*", "em cada um dos dias", que o pensamento de Tomás atinge sua máxima profundidade. *Dia* tem dois significados:

"*Divisit lucem a tenebris, et aquas quae sunt supra firmamentum, ab aquis quae sunt sub firmamento*"; *et opus ornatus, 10 cum dicit*: "*Fiant luminaria in firmamento etc.*" (I, 65, prol.)

28. "A pessoa do Filho é mencionada tanto na criação das coisas como em sua distinção e ornamento, mas de modos diferentes. A distinção e o ornamento pertencem à formação das coisas. E tal como a formação das obras de arte dá-se pela forma artística que está na mente do artista, que podemos chamar de verbo inteligível, assim também a formação das criaturas dá-se pelo Verbo de Deus. E é por isso que as obras de distinção e de ornamento remetem ao Verbo. Já na obra da criação o Filho é mencionado como princípio, quando se diz (Gn 1, 1): 'No *Princípio*, criou Deus...'" (I, 74, 3 ad 1).

29. No *Comentário ao Evangelho de João* (cp. 1, lc 2), Tomás explica que se trata de ação do Pai pelo *Verbum*.

1) a diversidade da obra do Verbo, conhecimento criador, que opera algo novo em cada um dos dias da Criação, mas também: 2) o dia como luz, luz conhecedora, inscrita na criatura, que "repassa" sua luminosidade para o conhecimento do homem. Quanto a esse último sentido, lemos no *Comentário* a I Tim 6, 3: "Tudo que é conhecido chama-se luz. Mas qualquer ente é conhecido por seu ato, sua forma: daí que o que o ente tem de ato, tem de luz [...] e o que tem de ser, tem de luz".

Juntando os dois significados de "dia", Tomás diz que o Verbo fala "em cada um dos dias" por causa de suas diversas ações na obra dos seis dias: a concepção das várias "razões" das criaturas, que *de per si* são trevas, mas em Deus são luz (In I Sent. d.2 q.1 a.5 ex).

Essa luz do *design* do Verbo embutida no ser da criatura (ou melhor: que *é* o próprio ser da criatura!) é, como dizíamos, o que a torna cognoscível para o intelecto humano. Assim, não é descabido que a inteligência humana tente captar também o senso lúdico do *Verbum*.

Façamos uma tentativa: na já citada I, questão 70 (da *Summa*), Tomás vai associando a obra de ornamentação aos elementos mencionados na Criação: no quarto dia são produzidas as luminárias, ornamento do céu; no quinto, as aves e os peixes (que ornamentam o ar e a água); e no sexto, os animais, para a terra. Se bem que o pecado do homem afetou a criação irracional, aventuremo-nos – neste breve parêntese – a adivinhar o senso lúdico na criação dos animais, que ornamentam a terra. É o que faz Guimarães Rosa (1978, p. 94 ss) em uma enigmática sentença de sua visita ao Zoológico: após contemplar toda a cômica variedade ("O cômico no avestruz: tão cavalar e incozinhável..."; "O macaco: homem desregulado. O homem: vice-versa; ou idem"; "O dromedário apesar-de. O camelo além-de. A girafa, sobretudo"), desfere a "adivinha": "O macaco está para o homem assim como o homem está para x". Ao que poderíamos ajuntar: o homem está para x assim como x para y...

Aprofundando o lúdico divino-humano na Teologia: o *Comentário ao* De Hebdomadibus

Se no Comentário às *Sentenças* Tomás fala do *Deus ludens*, comentando passo a passo Prov. 8, 30-31, no Comentário ao *De hebdomadibus* de Boécio ele apresenta uma interpretação mais sugestiva do mesmo tema, dessa vez aplicada ao homem e a propósito do Eclesiástico 32, 15-16, que é posto precisamente como epígrafe do seu livro e objeto de todo o Prólogo. Tomás interpretará de modo originalíssimo este *"Brinca e realiza as tuas concepções..."* (com aquele sem-cerimonioso modo medieval, a que já aludimos, de interpretar não literalmente a Bíblia).

Aparentemente esse versículo é um conselho moral bíblico a mais:[30] um conselho secundário, que passou quase inteiramente despercebido aos autores anteriores (e também aos posteriores...), ao Aquinate.[31] Um conselho que, como vimos, a *Bíblia de Jerusalém* traduz pela anódina fórmula: "Corre para casa e não vagueies. Lá diverte-te, faze o que te aprouver, mas não peques falando com insolência".

Tomás, porém, vê nesse versículo um convite ao homem a exercer seu conhecimento, seguindo – a seu modo – os padrões lúdicos de Deus. Seu Prólogo fundamenta todo um programa pedagógico, que aponta para o fim por excelência[32] da educação: a *contemplatio* (palavra latina que, como se sabe, traduz a grega *theoria*).

Acompanhemos Tomás em seu Prólogo,[33] desde a epígrafe: *"Praecurre prior in domum tuam, et illuc advocare et illic lude et age conceptiones tuas"* (Eclo. 32, 15-16). [Corre para tua casa, e lá recolhe-te, brinca e "realiza" tuas concepções] (Eclo. 32, 15). Tomás começa dizendo que a aplicação à Sabedoria tem o privilégio da auto-suficiência: ao contrário das obras exteriores, não depende senão de si mesma: tudo que o homem necessita para aplicar-se à sabedoria é recolher-se em si mesmo. Daí que o Sábio (o autor do Eclesiástico) diga:

---

30. Assim o entende Agostinho no *Speculum*, cp. 23.

31. O próprio Tomás só o menciona no comentário a Boécio (exceção feita ao *Super evangelium Matthei* cp. 13, lc. 13, no qual considera o fato de que Cristo explica as parábolas reservadamente aos apóstolos e, citando nosso versículo, comenta: *"si velimus secreta investigare, debemus in secretum intrare"*).

32. A esse respeito, ver o tópico 3.2 "Contemplação" de minha tese de doutoramento (Lauand, 1987). Cf. também Rosa (1993).

33. In Boet. de Hebd. Lc.

"Corre para tua casa." Trata-se de um convite à fecundidade da solidão e do silêncio, ao recolhimento, a entrar em si mesmo, solicitamente (daí o *"Corre"*) e afastando toda a distração e os cuidados alheios à sabedoria.

"Recolhe-te." Com a palavra *advocare* Tomás quer reforçar – como em tantas outras passagens[34] em que emprega esse vocábulo – o recolhimento de quem foi chamado, convocado para outra parte, a serena concentração – que se abre à contemplação intelectual da realidade, da maravilha da Criação.

"Brinca", além das duas razões que aponta em *I Sent*, o brincar é deleitável e as ações do brincar não se dirigem a um fim extrínseco. Aqui, Tomás acrescenta que no brincar há puro prazer, sem mistura de dor: daí a comparação com a felicidade de Deus.[35] E é por isso que diz – juntando as duas passagens-chave – que Prov. 8 afirma: "eu me deleitava em cada um dos dias, brincando diante dele o tempo todo".

A conclusão de Tomás é de uma densidade insuperável: "A divina sabedoria fala em 'diversos dias' indicando as considerações das várias verdades. E por isso ajunta *'Realiza as tuas concepções'*, concepções pelas quais o homem acolhe a verdade". Infelizmente, Tomás não diz como concebe essa imitação do Logos divino pela inteligência humana.

Tomás não revela como se dá este *"lude et age conceptiones tuas"* [brinca e realiza tuas descobertas]; seja como for, trata-se de um convite ao homem – com sua limitada inteligência – para entrar no jogo do *Verbum* (na *Suma* I, 37, 1, diz que *verbum* é vocábulo *ad significandum processum intellectualis conceptionis,* "para significar

---

34. Por exemplo, em II-II, 175, 4, diz que para conhecer as coisas altíssimas de Deus é necessário que *tota mentis intentio illuc advocetur.*

35. Deus é feliz e suas delícias são estar com os filhos dos homens. Isso impede qualquer interpretação do brincar de Deus na Criação como uma piada de mau gosto, no sentido de Macbeth (Ato V): *"(A vida) é uma lenda contada por um idiota, cheia de som e fúria, que não significa nada".* Aliás, em outro comentário importante a Prov. 8, 30-31, "as minhas delícias são estar com os filhos dos homens", Tomás diz que Deus ama as criaturas, especialmente o homem, a quem comunica o ser e a graça, para fazê-lo partícipe de Sua felicidade (*Super ev. Io.* 15, 2).

o processo intelectual de concepção"), para descobrir sua peças, seu sentido: a "*lógica lúdica*" do *Logos ludens*. Certamente, trata-se da contemplação da sabedoria (o que inclui a contemplação "terrena" da maravilha da criação), mas nada impede que estendamos esse convite ao exercício racional-lúdico a outros campos: num tempo como o nosso, em que alguns antevêem o fim da sociedade do trabalho, o fim da burocracia, o fim da racionalidade sem imaginação. Domenico de Masi, o profeta da sociedade do lazer – não por acaso napolitano; Tomás também era da região de Nápoles –, nos vem anunciar "a importância do espírito lúdico, sem o qual não se constrói a ciência".[36]

Afirmar o *Logos ludens* é afirmar a *contemplatio* – os deleites do conhecimento que têm um fim em si –, contemplação que é formalmente o fim da educação proposta por Tomás. Mas o reconhecimento do *Logos ludens* traz consigo também o sentido do mistério: mistério que se dá não por falta, mas por excesso de luz. A criação é excesso de luz e nunca pode ser plenamente compreendida pelo homem: daí que a busca da verdade – da que Tomás em famosa questão de *Quodlibet* afirma ser a mais veemente força no homem – conviva com a despretensão de compreender cabalmente sequer a essência de uma mosca (como afirma no começo do *Comentário ao Credo*).

Isto é, o brincar do homem que busca o conhecimento deve significar também o reconhecimento dessa nota essencial na visão-de-mundo de Tomás: o mistério.

Nesse sentido, Adélia Prado (1991, p. 111) – que melhor do que ninguém *sabe* de Criação – reafirma, em diversas de suas poesias, a ligação do lúdico com o mistério:

---

36. Domenico de Masi, em entrevista ao Programa "Roda Viva" da TV Cultura de São Paulo, em janeiro de 1999, citado por Gilberto de Mello Kujawski "A sociedade do lazer e seu profeta" (*O Estado de S. Paulo*, 25.2.1999, p. 2). A citação vem a propósito do conhecido caso dos prêmios Nobel da Escola de Biologia de Cambridge, que descobriram o DNA. "Os cientistas produziram diversos desenhos da possível estrutura do DNA, *a priori*, sem base experimental. Na hora de testar aqueles desenhos surgiu a questão: qual deles? A resposta foi: o mais belo. Testou-se o desenho mais formoso e elegante. E não é que deu certo? O esquema do DNA era aquele mesmo" (art. cit.). Cf. o capítulo "A Escola de Biologia de Cambridge" em (De Masi, 1997).

Cartonagem

A prima hábil, com tesoura e papel, pariu a mágica:
emendadas, brincando de roda, "as neguinhas da Guiné".
Minha alma, do sortilégio do brinquedo, garimpou:
eu podia viver sem nenhum susto.
A vida se confirmava em seu mistério.[37]

A partir da estrutura dual de um Deus que é *Logos ludens* compreende-se a dualidade fundamental do conhecimento humano: conhecemos, mas no claro escuro do mistério, particularmente no que se refere ao alcance do pensamento humano em relação aos arcanos de Deus: n'Ele não há uma liberdade compatível com a contradição de um Ockham – personagem referencial de frei Guilherme de Baskerville, o herói de *O nome da rosa* – tampouco as férreas *"rationes necessariae"* de um Anselmo de Canterbury (Pieper, 1981, cap. XI).

À rosa da qual nada resta a não ser o nome *"stat rosa pristina nomine..."* e a um Deus – *"Gott ist ein lautes Nichts"* – que é um sonoro nada, sentenças com que se fecha o romance de Eco, contrapõem-se a rosa de Tomás e a de Julieta, que, também ela, fala do nome da rosa: "O que chamamos de rosa, com outro nome, exalaria o mesmo doce perfume" (*Romeu e Julieta*, ato II).

Se a rosa tivesse outro nome, deixaria de ser aquilo que é? Deixaria de ser luz e fonte de luz, do *Verbum ludens* de Deus? (Jo 1,4)

Referências bibliográficas

BERTINI, F. *Il teatro di Rosvita*. Gênova: Tilgher, 1979.
BUSA, R. *Thomae Aquinatis Opera Omnia* cum hypertextibus in CD-ROM. Milano: Editel, 1992.
DE MASI, D. *A emoção e a regra*. Rio de Janeiro: José Olympio, 1997.

---

37. Ver também, por exemplo, "Rebrinco": "...Ia chamar Letícia pra brincar. / Medo que eu tinha era não ter mistério" (Prado, 1991, p. 115).

ECO, U. *O nome da rosa*. Rio de Janeiro: Nova Fronteira, 1983.

HUIZINGA, J. *Homo ludens*. São Paulo: Perspectiva- Edusp, 1971.

LAUAND, J. *O que é uma universidade*. São Paulo: Perspectiva-Edusp, 1987.

_____. *O xadrez na Idade Média*. São Paulo: Perspectiva-Edusp, 1988.

_____. (org.). *Educação, teatro e matemática medievais*. 2.ed. São Paulo: Perspectiva, 1990.

_____. (org.). *Idade Média: cultura popular*. São Paulo: FFLCH-Edix, 1995.

_____. (org.). *Cultura e educação* na *Idade Média*. São Paulo: Martins Fontes, 1998. (Col. Clássicos-Educação)

McCARTHY, J. F. The first four days according to St. Thomas. *Living Tradition*, n. 49, novembro de 1993, Ponce <http://www.rtforum.org/lt/lt49.html>.

NUNES, R. A. C. *História da educação na Idade Média*. São Paulo: EPU-Edusp, 1979.

PERNOUD, R. *Idade Média – o que não nos ensinaram*. Rio de Janeiro: Agir, 1979.

PIEPER, J. *Scholastik*. Munique: DTV, 1981.

PRADO, A. *Poesia reunida*. São Paulo: Siciliano, 1991.

ROSA, A. D. P. *O papel da contemplação na educação segundo os escritos filosóficos de Santo Tomás de Aquino*. São Paulo, 1993. Dissertação (Mestrado) – Faculdade de Educação da Universidade de São Paulo.

ROSA, J. G. *Ave palavra*. 2.ed. Rio de Janeiro: José Olympio, 1978.

SARTRE, J.-P. O existencialismo é um humanismo. In: *Os pensadores*. São Paulo: Abril, 1973. (v. XLV – Sartre-Heidegger)

STICCA, S. Hrotswitha's "Dulcitius" and Christian symbolism. *Mediaeval Studies*, v. 32, 1970, p. 108-27.

Ousar brincar

Mário Sérgio Vasconcelos

Criança que não brinca não é criança. Adulto que não brinca perdeu para sempre a criança que existe dentro dele. Edifiquei minha casa como um brinquedo e brinco nela de manhã à noite.

Pablo Neruda

Não há, na história, registros precisos de crianças que nunca brincaram na vida.[1] Ouvimos dizer, mas ainda não encontramos os vestígios desses personagens. No âmbito das exceções, mesmo Kaspar Hauser, jovem criado enclausurado até os 17 anos, e que aparece em Nuremberg, Alemanha, por volta de 1828, conduzia travessuras lúdicas. Esse caso enigmático foi, a partir dos escritos de Feuerbach, estudado por Blikstein (1983) e Dolto (2000), e magnificamente retratado pelo cineasta Werner Herzog no filme *Jeder für sich und Gott gegen alle* (1974).[2] Há também a impressionante história do menino selvagem encontrado na floresta de l'Aveyron, na França, que, apesar de anteriormente nunca ter tido contato com humanos, passou a apresentar brincadeiras rudimentares nas experiências peda-

---

1. A não ser em casos clínicos severos ou de autismo profundo. Mesmo assim, a invisibilidade do ato não prova sua inexistência simbólica. Além disso, existem controvérsias sobre as definições de brincar envolvidas nos diferentes modelos teóricos.

2. *"Cada um por si e Deus contra todos."* Esse filme teve como título brasileiro *O enigma de Kaspar Hauser.*

gógicas descritas em 1801 e 1806 pelo médico e filósofo Jean Itard, (1994) e por autores como Bancks-Leite (2000) e Conicet (2003).

São antigos os indícios de existência de brinquedos e brincadeiras humanas nas mais diferentes culturas. O Museu Britânico, em Londres, possui em seu acervo brinquedos com mais de cinco mil anos, que pertenciam a crianças egípcias. No Brasil, as cavernas de São Raimundo Nonato, no Piauí, há mais de dez mil anos, guardam ícones gravados que representam brinquedos e possíveis brincadeiras envolvendo crianças e adultos. Cada vez mais, por todo o mundo, registros obtidos por meio de escavações arqueológicas indicam objetos lúdicos que remontam a épocas pré-históricas (Frenzel, 1977; Pontes e Magalhães, 2003). Tais descobertas têm, aliás, levado alguns autores a concluir que o brincar acompanha o trajeto da humanidade "demonstrando que o homem brinca e joga independente do seu tempo" (Melles de Oliveira, 2005, p. 40).

Essa longa perspectiva temporal da existência do brincar vem promovendo, na história, muitas definições sobre suas origens e funções. No período medieval, brincadeiras ficaram sacralizadas como dádivas divinas ou dotadas de posse demoníacas. Logo após o Renascimento, o brincar ganhou definição de condição natural animal e humana. Na atualidade, a brincadeira é vista, por pesquisadores, como processo do desenvolvimento humano, de relações interindividuais e/ou socioculturais. Contudo, não há consenso sobre suas origens. Como afirmou Vygotsky (1991), costumamos encontrar brincadeiras que se repetiram milhões de vezes e perderam seu aspecto primitivo, não revelando seu trajeto anterior. São jogos tão fossilizados que quase se petrificaram na história. Noutras palavras, perderam os indícios de sua origem. Assim, desvendar os mistérios do brincar não é uma tarefa fácil, principalmente porque, e os adultos bem o sabem, a alegria da brincadeira e da fantasia permitida não é uma atividade exclusivamente infantil.[3]

Apesar da complexidade que envolve as origens e funções das brincadeiras, podemos afirmar que, na contemporaneidade, há um discurso valorizador do brincar, principalmente no campo educacio-

---

3. Utilizaremos os termos "brincar", "jogos" e "brincadeiras" como sinônimos, pois não é nosso propósito, neste capítulo, debater as diferenças conceituais propostas por diferentes modelos teóricos.

nal (Kamii, 1991; Macedo, 1994; Brougère, 2000). Essa valorização não se deu de um dia para o outro. Percorreu um trajeto histórico e pode ser contemplada em diferentes perspectivas.

Vários foram os filósofos que apontaram a importância educativa dos jogos (Kishimoto, 1998). Platão destacou a importância do aprender brincando. Sócrates, Aristóteles, Sêneca e Tomás de Aquino indicaram a recreação como essencial para o descanso do espírito. Horácio e Quintiliano se referiram à sedução dos doces em forma de letras para facilitar o aprendizado da leitura e da escrita. Erasmo, Rabelais e Basedow viam na brincadeira a conduta livre que favorece o estudo e o desenvolvimento da inteligência. Porém, foi com Ariès (1981) que pudemos visualizar que a valorização do brincar de modo mais abrangente ocorreu apenas no século XIX com o aparecimento de uma nova concepção de infância que começou a se configurar no panorama do Romantismo. Nos escritos de Jean-Jacques Rousseau, no século XVIII, já se podia desvelar uma imagem positiva dos atos naturais das crianças e, com isso, a valorização romântica do brincar.

No Romantismo, a criança emerge "como se estivesse em contato com uma verdade revelada que lhe desvenda o sentido do mundo de modo espontâneo e o contato social pode destruir essa primeira verdade" (Brougère, 2000, p. 90). A "criança romântica" estaria próxima do poeta, do artista, e dotada de um conhecimento imediato, sensível, afetivo, rico em potencialidades interiores. Assim, nessa época, o valor da brincadeira se apoiou no mito de uma criança portadora de verdade e sensibilidade.

No campo escolar, foi Froebel, no século XIX, que introduziu a concepção romântica e os jogos como parte essencial do trabalho pedagógico. Influenciado pelo movimento naturalista de seu tempo, defendia claramente a unidade entre conhecer, sentir e querer, aplicando tais idéias a um sistema de educação pré-escolar, apoiado, em grande parte, na brincadeira. Criou o *Kindergarten* (jardim-da-infância), expressão e "lugar" que traduz o naturalismo de sua concepção.

Paralelamente à tendência filosófica romântica, surgiram apontamentos considerados científicos sobre o brincar, alguns deles referenciados por Froebel. Os estudos etológicos, psicofisiológicos, antropológicos, sociológicos e pedagógicos passaram a compor todo um rol de teorias na tentativa de explicar o sentido das brincadeiras e apontar suas qualidades educativas. Como constatou Negrine (2000), destacaram-se, no final do século XIX, a *Teoria do recreio de Schiller*, que sustentava a recreação como atividade intrínseca ao brincar; a *Teoria de Lazarus*, para quem o jogo é visto como atividade que serve para descansar, alegrar e restabelecer as energias consumidas nas atividades sérias ou úteis; a *Teoria do excesso de energia*, de Spencer, na qual o jogo tem como função a descarga do excesso de energia excedente; a *Teoria da antecipação funcional*, de Groos, para quem, numa perspectiva biológica, o jogo é visto como um pré-exercício de funções necessárias à vida adulta; e a *Teoria da recapitulação*, de Stanley Hall, que procura destacar o valor da aprendizagem outorgado à brincadeira.

Embora essas teorias tenham avançado na experimentação e explicação sobre o ato de brincar, não surpreende que todas elas tragam a alegação da natureza como boa educadora da criança, pois estavam impregnadas de concepções biologistas e naturalistas que, no fundo, exaltavam aspectos consoantes às discussões filosóficas românticas que perpassaram o século XIX e chegaram ao início do século XX. Foi a total confiança na natureza que levou filósofos, pesquisadores e educadores da época a elevar a brincadeira como suporte pedagógico (Brougère, 2000). Nessa perspectiva, a exaltação da naturalidade e da verdade sensível anunciava um quadro promissor para o papel do brincar no contexto educacional e escolar.

Avançando nas décadas seguintes, no século XX, prosseguiram as pesquisas sobre o brincar, e vários autores, no campo da sociologia, da antropologia, da psicologia e da pedagogia, buscaram compreender as funções do jogo dando destaque à importância das brincadeiras na constituição do desenvolvimento, da aprendizagem e da socialização da criança. No campo da psicologia, por exemplo, Vygotsky (1989) demonstrou, em 1933, que o brinquedo preenche necessidades da criança especificando um campo teórico no qual privilegia o brincar na origem da criatividade humana. Piaget (1971) anunciou, em 1945, a psicogênese da formação do símbolo na criança, na qual apresenta um minucioso estudo sobre os aspectos evolutivos das atividades representativas, antes e depois do aparecimento da linguagem, dando ênfase às ações e interações como elementos que estruturam o pensamento humano. Wallon, em 1950, ao discorrer sobre a evolução psicológica da criança, destacou que toda atividade emergente é lúdica, ou seja, incorpora o caráter livre a qualquer atividade antes de "poder integrar-se em um projeto de ação mais extenso que a subordine e transforme em meio" (*apud* Dantas, 1998, p. 113). Winnicott (1972) explorou o "espaço" simbólico que se constitui entre o brincar e a realidade no mundo da criança, e defendeu as relações diretas entre esse espaço transicional e a configuração da criatividade. Enfim, nas mais diversas áreas e em grandes modelos teóricos que se destacaram no século XX, encontraremos autores que valorizaram o brincar. Desse modo, difundiu-se ainda mais a idéia de que o brincar é um valor positivo para o desenvolvimento, a aprendizagem e a socialização da criança. Mais do que isso, que as brincadeiras promovem a construção de conhecimentos (Piaget, 1971; Vygotsky, 1989; Oliveira, 1992; Friedman, 1996; Brougère, 2000).

Cabe, então, aqui uma primeira pergunta: se o brincar traz elementos tão importantes para a constituição humana, por que instituições escolares da contemporaneidade excluem e/ou não valorizam esse poderoso elemento simbólico como fator essencial para o processo de construção da subjetividade do sujeito e do conhecimento?

Pensamos que a resposta a essa indagação pressupõe o resgate de uma contradição secular e histórica. Se, por um lado, o brincar passou a ser valorizado pelos românticos, por outro, foi excluído da ênfase racional e instrucional que criou os sistemas nacionais de ensino no século XIX. Para essa última vertente, que se consolidou pragmática e politicamente forte, o brincar continuou fazendo parte da esfera do lazer e do passatempo infantil, associado ao plano afetivo, considerado secundário pelos racionalistas. Essa concepção, que traduz uma visão dualista de sujeito separando razão de emoção, continua presente no imaginário de educadores até os dias atuais.

É importante ressaltar que os projetos de criação dos sistemas nacionais de ensino, tanto na Europa quanto na América (Vasconcelos, 1996), almejavam investimentos educacionais que desenvolvessem a instrução e a solidariedade nas novas gerações. Para tanto, é claro, tal educação deveria iniciar-se na infância, porém tendo o mestre lugar estratégico nessa missão. Nesses projetos, a escola, que mais tarde convencionou-se chamar de *escola tradicional*, se organizou como uma instituição centrada no professor, que tinha por tarefa transmitir ao aluno as disciplinas clássicas e o conhecimento científico e cultural acumulado. O paradigma principal era o de que o professor ensina a lição e os alunos a aprendem. O mestre-escola era, portanto, a figura central do processo pedagógico, processo esse que tinha por base, principalmente, as idéias de Johann Fredrich Herbart (1776-1841), filósofo alemão, dedicado à metafísica e à pedagogia. Por meio da educação pela instrução depositou-se confiança ilimitada no conhecimento pela razão e investiu-se na tarefa de construir uma ciência da educação. Para projetos dessa ordem, as descobertas sobre o brincar não foram consideradas e pouco contribuíram para relevar a importância e o papel das representações simbólicas lúdicas no contexto mais amplo da realidade escolar.

Desse modo, na escola instrucional, detentora de uma concepção passiva de indivíduo, não houve (e não há) espaço para a valorização da brincadeira articulada com uma concepção de aluno como sujeito ativo. Relegou-se a um segundo plano o princípio ativo de sujeito, que se refere tanto a aspectos do desenvolvimento da criança quanto a aspectos da prática pedagógica. A concepção ativa indica que o processo educativo deve respeitar os interesses, as necessidades e evidenciar as tendências interativas do desenvolvimento humano.[4] Nessa perspectiva, a função da ação educativa é propiciar, articulada com a cultura, meios facilitadores para que os potenciais da criança possam emergir. Assim, a concepção ativa se revela como um "espaço" adequado para a valorização do brincar. Ao contrário, na corrente passiva instrucional, não há lugar para brincadeiras.

Destacamos também, anteriormente, que outro aspecto que contribuiu para que as brincadeiras ficassem excluídas da "seriedade escolar instrucional" foi a concepção dualista de sujeito: a sepa-

---

4. Muitos foram os pensadores que defenderam a incorporação dos princípios ativos nos projetos pedagógicos. Destacaram-se John Dewey, Willian James, J. M. Baldwin e Wasburn (Estados Unidos); Kerchensteiner e Scheibner (Alemanha); Ovídio Decroly (Bélgica); Maria Montessori (Itália); Else Köhler (Áustria); Alfred Binet, Celestin Freinet, Hénri Wallon, Pierre Janet e Roger Cousinet (França); Edouard Claparède, P. Bovet e Jean Piaget (Suíça).

ração entre razão (pensamento) e sentimentos. A crença nessa separação fez que se considerasse o pensamento calculista, frio e desprovido de sentimentos, apropriado para a instrução das matérias escolares clássicas. Acreditou-se que apenas o pensamento leva o sujeito a atitudes racionais e inteligentes, cujo expoente máximo é o pensamento científico. Já os sentimentos, vistos como "coisas do coração", não levam ao conhecimento e podem provocar atitudes irracionais. Produzem fragilidades de segundo plano, próprias da privacidade "inata" e natural de cada um. Seguindo essa crença grega milenar, as instituições educacionais da modernidade caminharam para a ênfase da razão, priorizando tudo o que se relaciona diretamente ao mérito intelectual. Nesse contexto, o brincar, por ser considerado espontâneo, sentimental, romântico e natural, ficou excluído das instituições dirigidas à formação da razão.

Inserta na história da filosofia, no âmbito das relações entre razão e emoção, a visão dualista de ser humano foi motivo de aquecidos debates envolvendo grandes filósofos, que valorizavam ora os conflitos existentes entre razão e sentimentos ora a dicotomia ou o papel superior de um aspecto sobre o outro. Aristóteles, por exemplo, reiterava que os sentimentos residem no coração e que o cérebro tem a missão de esfriar o coração e os sentimentos nele localizados. Kant, destacando a supremacia da razão, construiu uma perspectiva negativa das emoções e dos sentimentos, chegando a afirmar que as paixões são a enfermidade da alma. De modo geral, o que se evidencia em muitos dos escritos filosóficos, da Grécia antiga até a modernidade, é a concepção na qual a razão quase sempre tem *status* superior em relação aos sentimentos.

Essa divisão entre razão e sentimentos se coisificou em desejo da supremacia da razão e está presente nos projetos institucionais criados na atmosfera da contemporaneidade. Como ressaltou Kupfer (2003), o dualismo atualmente apenas mudou de nome, pois é comum, no âmbito escolar, o uso de uma concepção de indivíduo que leva os educadores a dividir a criança em duas metades: a cognitiva e a afetiva,[5] e o brincar permanece na esfera menos valorizada, que é a afetiva.

---

5. Existem diferenças conceituais entre os termos "emoção", "sentimento" e "afeto", mas tal discussão ultrapassa os objetivos deste capítulo.

Muitos são os autores que têm apontado evidências de que a oposição entre afetividade e cognição não se sustenta diante de um exame científico mais aprofundado (Arantes, 2003; Oliveira e Rego, 2003; Pavón, 2002; Timón, 2002). Para esses autores, despontam como foco de análise novos paradigmas e a superação de rupturas clássicas que marcaram o trajeto da filosofia, da psicologia e da educação. Além disso, a polarização entre afetividade e cognição permite, como muito bem destacou Sastre e Marimon (2002), levantar algumas contradições ao se constatar esse dualismo no âmbito escolar. Se nesse campo as emoções são tão problemáticas para a cognição e atrapalham o conhecimento, não seria uma ingenuidade ignorá-las? Por que então não proporcionar aos docentes, alunos e alunas instrumentos para o conhecimento, organizando campos para a elaboração dos afetos, privilegiando espaços para as construções lúdicas simbólicas?

Estamos convencidos de que a escola deve incorporar em sua doutrina uma nova concepção de sujeito. Uma concepção na qual cultura, razão e afetividade sejam tratadas como dimensões indissociáveis no funcionamento psíquico humano. Nessa perspectiva, poderemos ver nossos alunos e alunas com outro olhar, numa orientação de *formação*, e não apenas de instrução. Esse fato, por si só, parece lançar um desafio radical a todos os profissionais da educação, e é nesse contexto que pensamos ser necessário ressignificar no espaço educativo a importância do brincar. Fazemos aqui, então, uma segunda indagação: por que devemos incluir o referencial simbólico lúdico como uma das prioridades numa escola formadora?

O valor do brincar

Apesar de o brincar ter sofrido alterações históricas na forma e no conteúdo, e de ocupar mais ou menos tempo na vida das crianças conforme a cultura em que vivem, vimos que, há vários anos, existe o reconhecimento, por parte de filósofos, psicólogos e educadores, de que as brincadeiras são importantes para a formação e constituição psicológica do ser humano. A psicologia, sem sombra de dúvida, desempenhou e desempenha papel de destaque nesse trajeto de valorização do brincar. Mesmo considerando as diferenças epistemológicas entre os vários pesquisadores que investigaram esse tema na psicologia, todos chegaram a conclusões positivas sobre o valor da dimensão simbólica e lúdica das brincadeiras e das funções do brincar como elementos fundamentais para a socialização, a aprendizagem e o desenvolvimento do ser humano. Por isso, do olhar da psicologia, elaboramos nossa tese de que o brincar é inclusivo e essencial para a formação integral de crianças e de adolescentes, e que deve ser redimensionado no contexto escolar. Destacando as funções das brincadeiras, propomos uma reflexão sobre os aspectos do brincar que, a nosso ver, justificam a inserção de jogos e construções simbólicas lúdicas em todos os estágios da vida escolar.

O brincar é desenvolvimento e promove o desenvolvimento

Um dos primeiros autores a expressar que as brincadeiras simbólicas são próprias do desenvolvimento das crianças foi Buytendijk (1941), ao afirmar que a criança brinca porque é criança; isto é, brinca porque é inerente à sua dinâmica interna a necessidade de simbolizar a realidade, como ocorre nas brincadeiras de faz-de-conta. Pensamos que a idéia de Buytendijk sobre o brincar infantil é parcialmente correta, porque encontramos uma visão mais completa das dimensões da brincadeira nas concepções de autores interacionistas. Um dos maiores defensores dos pressupostos interacionistas foi, sem dúvida, Jean Piaget.

Para Piaget (1971), o brincar possui uma tendência que segue o trajeto evolutivo dos jogos de exercício (construções), jogos simbólicos (faz-de-conta, desenhos, imitações etc.) e jogos com regras explícitas (amarelinha, bola de gude, xadrez etc.). Como o conhecimento, os jogos da criança são construídos, isto é, são representações sobre o mundo construídas num processo de inter/ação *ativa* da criança com o mundo em que vive.

É a partir da *ação* que a criança desenvolve sobre o meio físico e social que se formam as estruturas de pensamento. O trajeto do desenvolvimento do conhecimento se organiza a partir de estruturas mais simples para estruturas mais complexas, e todo pensamento superior se organiza tendo por base estruturas anteriores. Mediante o mecanismo de adaptação, o ser humano procura solucionar os problemas com os quais depara. Diante de um conflito ou de uma novidade, busca novas estratégias para resolver a questão, reorganizando assim suas estruturas e possibilitando estruturas mais complexas. Rappaport (1981, p. 81) nos dá um exemplo interessante para compreendermos melhor esse processo:

> Suponhamos que uma garota que aprendeu a andar de bicicleta depare com outra bicicleta que guarde algumas semelhanças com a primeira, porém contenha elementos novos que a criança desconheça, como, por exemplo, diversas marchas. Nesta situação, a garota tentará agir com a segunda bicicleta da mesma maneira como fazia com a primeira e não obterá sucesso. Procurando se adaptar tentará solucionar a situação nova com base nas estruturas antigas. Este processo será ineficiente, pois estas estruturas são inadequadas e insuficientes para essa nova situação. A garota tentará então novas maneiras de agir, levando agora em consideração as propriedades específicas da nova bicicleta. Isto é, a garota com sua ação irá modificar suas estruturas e seu conhecimento para poder dominar a novidade.

Esse exemplo traz elementos que observamos diariamente em situações de brincadeiras produzidas pelas crianças. Procurando representar a realidade em que vivem, deparam todo momento com situações-problema que tentam resolver. Embora incorporem as situações da realidade à sua maneira singular de perceber o mundo, a resolução dos problemas postos nas brincadeiras implica novas estratégias que promovem o desenvolvimento de novas estruturas mentais. Nesse sentido, as brincadeiras são prospectivas: promovem o desenvolvimento das crianças.

Em razão do interesse espontâneo das crianças em brincar, do caráter interativo das situações (envolvendo brinquedos, objetos, outras crianças e adultos) e dos problemas a serem solucionados criados na situação, o brincar constitui-se num elemento privilegiado para a construção do conhecimento. Assim, o brincar promove a inteligência e é inclusivo: produz as formas para aprender a aprender e novos modos de interação.

O brincar preenche necessidades da criança

O brincar não pode ser definido apenas como algo que dá prazer à criança, pois, como observamos no dia-a-dia, muitas brincadeiras desenvolvidas pelas crianças trazem resultados que elas não gostariam de vivenciar, como quando perdem uma partida de futebol. Por isso, é mais adequado definir o brincar como algo que preenche necessidades da criança, o que significa entender que elas motivam a criança a agir (Vygotsky, 1989).

Se a criança age no brinquedo por meio da imaginação para satisfazer suas necessidades, devemos considerar a evolução das necessidades, pois são diferentes em cada estágio de desenvolvimento em que a criança se encontra. Conseqüentemente, as situações de brinquedo também divergem. Para detectarmos a evolução das necessidades, basta observar que crianças muito pequenas buscam a satisfação de seus desejos imediatamente e fazem a maior birra quando não conseguem. Já uma criança em torno de 5 anos, por exemplo, possui uma grande quantidade de desejos e não pode satisfazer todos imediatamente. Essas necessidades não realizáveis de pronto impulsionam a criança a brincar de forma simbólica. Vygotsky (ibidem, p. 106) nos aponta essa tendência: "Para resolver essa tensão, a criança em idade pré-escolar envolve-se num mundo ilusório e imaginário onde os desejos não realizáveis podem ser realizados, e esse mundo é o que chamamos de brinquedo".

O mundo ilusório, provocado pelas forças dos desejos não realizáveis, permite à criança expandir o imaginário e agir sobre a realidade.

As representações simbólicas permitem a elaboração afetiva

Como vimos, a criação simbólica preenche necessidades da criança e o brincar (faz-de-conta, desenhar etc.) é fundamental para a construção do conhecimento. Todavia, é preciso considerar, numa perspectiva mais ampla, a dimensão afetiva presente no brincar e suas relações com o pensamento. Winnicott (1972) destaca que o ato de criar e de brincar se constitui num "espaço potencial" que permite ao ser humano, no decorrer de seu desenvolvimento, lidar com suas frustrações e com a vida de uma maneira geral e, dessa forma, organizar sua realidade e exercitar suas potencialidades. A psicanalista Melanie Klein (1975), expondo análises interpretativas por intermédio do brincar, mostrou que a simbolização possibilita à criança transferir não apenas interesses, mas também fantasias, ansiedades e culpa a outros objetos além de pessoas. Assim, afirma que muito alívio é experimentado no brincar, sendo esse um dos fatores que o tornam tão essencial para a criança. Ao brincar, ela estará representando e reelaborando seus medos, suas angústias, suas ansiedades e seus desejos. O exemplo a seguir pode retratar tais elementos:

> Cláudia, 4 anos, queria ir brincar na casa de Mariana, sua vizinha de 5 anos. Como no dia anterior já havia estado lá e, segundo sua mãe, fez muita arte e bagunça, foi proibida pela mãe de ir à casa de Mariana. A reação de Cláudia foi fenomenal. Chorou, esperneou, fez manhas, mas a mãe, firme em seu posicionamento, não permitiu que ela fosse à casa de Mariana. Cláudia continuou chorando por um bom tempo. Passados alguns minutos, Cláudia dirigiu-se a seu quarto, pegou sua boneca e começou a dizer: – Você não vai à casa de Mariana. Ontem você foi lá e sujou as coisas. Me desobedeceu. Você não vai... Ah, vamos fazer o seguinte: você vai lá só um pouquinho e volta já, viu! Ah, bom! Ainda bem que voltou rapidinho, senão iria levar umas boas palmadas!

Essa situação é categórica em destacar os componentes afetivos presentes no contexto. Por meio da imaginação, Cláudia realizou seu desejo indo à casa de Mariana e assumiu simbolicamente o papel da mãe. Isso permitiu que elaborasse seus sentimentos e emoções (possivelmente ódio!) em relação à mãe. Projetou também, na boneca, sua condição de filha, incluindo as tensões envolvidas nesse papel. Desse modo, o brincar se configura um espaço de elaboração afetiva e de mediação de sentimentos e pensamentos entre outros elementos, objetos e pessoas. Mediante a movimentação das imagens e dos sentimentos contidos na brincadeira, é possível promover uma ação no sentido de favorecer a superação de conflitos e frustrações (Winnicott, 1972).

Na ausência do diálogo com adultos, adolescentes e outras crianças, o brincar de faz-de-conta, os desenhos, as histórias infantis e, de modo geral, as produções artísticas são "espaços" que o ser humano tem para manifestar seus desejos e elaborar suas frustrações.

O brincar permite conhecer a realidade

Embora a idéia de elaboração afetiva e os princípios interativos descritos por Piaget sejam necessários e fundamentais para compreender o brincar, eles são insuficientes. É preciso considerar elementos do campo sociocultural (Brougère, 2000). O brincar gira em torno da *cultura lúdica* que é, antes de tudo, um conjunto de procedimentos que tornam a brincadeira possível, com a incorporação de aspectos da cultura em que a criança vive. A criança, o adolescente ou o adulto, ao representar uma situação, necessariamente o fazem partindo das relações sentidas ou vivenciadas no ambiente e na cultura. Dessa forma, incorporam nas construções simbólicas as regras e os papéis sociais com os quais convivem. As crianças, representando, conhecem e incorporam a realidade, principalmente por meio da imitação.

Com a interiorização das regras e dos papéis sociais a criança constrói formas imaginárias, apoiando suas próprias criações em esquemas que são os mesmos encontrados em sua trajetória cultural e em relações com objetos e pessoas. Assim, inclui-se na cultura. Desse modo, outro aspecto definidor no brincar é que toda situação imaginária oculta regras socialmente constituídas. Quando uma criança brinca de casinha e assume o papel de mãe, imagina como uma mãe se comporta e age como ela. Embora a criança elabore a brincadeira de maneira particular, na imaginação simbólica a cena é definida pelo significado e regida por regras. Ao brincar com uma caixa de sapato, dizendo que é um cachorro, a criança se relaciona com o significado atribuído (cachorro) e não apenas com o objeto (caixa de sapato), e leva em consideração também as regras sociais internalizadas, expondo o cachorro a brincadeiras semelhantes a situações que ocorrem entre pessoas e animais observadas no cotidiano.

Ao brincar, a criança explora e expande o real

Para a criança, o imaginário apresenta-se "maior" do que o real. A expansão dos conceitos, por meio das generalizações que a criança faz, propicia o movimento criativo e contribui para a construção da inteligência. Ao representar que está dirigindo um carro, comporta-se além do que pode fazer e, necessariamente, imagina várias funções do objeto e na situação. O carro que se movimenta, o carro em que cabe certo número de pessoas, o carro que vai à fazenda, enfim, infinitas possibilidades de ações e exercícios de regras que mobilizam os confins do imaginário. O brinquedo cria uma região de tensão criativa, a qual Vygotsky (1989) denominou de *zona de desenvolvimento proximal*: "região" de domínio psicológico em constante transformação, representada pela distância entre o nível de *desenvolvimento real* e o nível de *desenvolvimento potencial*. No brinquedo, a criança sempre age como se ela fosse maior do que é na realidade. Assim se aproxima de seu potencial. Esse é outro aspecto prospectivo do brincar. "Como no foco de uma lente de aumento, o brinquedo contém todas as tendências do desenvolvimento de forma condensada, sendo, ele mesmo, uma grande fonte de desenvolvimento" (ibidem, 1989, p.117). Assim, evidencia-se, no brincar, o espaço para a criação humana.

Os jogos preparam para a convivência democrática

Todos sabemos que as crianças muito pequenas não conseguem participar por muito tempo de brincadeiras com regras previamente organizadas e *explícitas*, mesmo que sejam organizadas pelos próprios participantes da situação.[6] No entanto, a criança escolar consegue participar com entusiasmo de um jogo com regras previamente definidas, como de um jogo de futsal. Além disso, pode imaginar várias possibilidades de ação que poderiam levar a superar os limites impostos para vencer o jogo. Isso acontece depois de muitos meses que a criança está mergulhada nas brincadeiras simbólicas. Por que isso acontece? Qual a relação desses jogos com a consciência da criança sobre as regras que organizam o mundo social?

Para responder a essas questões, apresentamos uma das idéias que consideramos central dentre as funções do brincar: nos vários aspectos envolvidos na brincadeira se processam elementos que

---

6. Não podemos nos esquecer de que quase todas as brincadeiras possuem regras implícitas com as marcas das normas e dos papéis culturais.

permitem à criança sair do estado egocêntrico e centralizado em que vive, redirecionando sua linguagem para o discurso interior e sua percepção para o mundo exterior, para as propriedades existentes nos objetos e para as relações sociais, normas e regras. Isso significa que, ao brincar, a criança promove a diminuição e/ou deslocamento de seu estado egocêntrico infantil e, mediante um processo de descentralização, pode caminhar na direção do respeito ao ponto de vista das outras pessoas e, conseqüentemente, desenvolver relações de cooperação e reciprocidade.

É nas relações de cooperação que se inicia a tomada de consciência sobre as regras sociais. A obediência às regras é a base para a formação de valores de convivência democrática e respeito mútuo. Assim, o pensamento descentralizado e a cooperação possibilitam a participação em atividades que envolvem regras explícitas, como nos jogos. Em contrapartida, os jogos são situações que podem conduzir à descentralização e à formação de valores de convivência democrática.

Piaget (1994) afirma que toda moral consiste num sistema de regras, e a essência de toda moralidade deve ser procurada no respeito que o indivíduo adquire por essas regras. Assim, não é uma lição de moral unilateral que faz que o indivíduo adquira respeito pelas regras, mas sim a inter/ação. O respeito *deve ser praticado* a partir do exercício de construção das regras no dia-a-dia. A imposição da obediência unilateral constitui-se na maior ilusão de controle do adulto sobre a conduta da criança e do adolescente. É um tipo de relação que alimenta a exclusão da autonomia moral e crítica. Por isso é preciso investir no respeito mútuo, na ação de um *com* o outro, não na ação de um *sobre* o outro. Os jogos fazem parte desse processo.

Assim, do ponto de vista moral, os jogos em cooperação podem conduzir a uma ética de solidariedade e de reciprocidade nas relações, resultando no surgimento de uma autonomia progressiva de consciência, que tenderá a prevalecer sobre o egocentrismo.

O debate verdadeiramente democrático, que prevê condições mútuas no estabelecimento das regras, é, talvez, o personagem mais ausente das instituições educacionais atuais. Assim, a definição de uma ética que considere o respeito mútuo é hoje questão de sobrevivência de nossas escolas. E o brincar é protagonista nessa história.

Ousar brincar na escola

As funções do brincar descritas anteriormente justificam sua inserção, ressignificação e valorização no contexto escolar, seja na pré-escola, no ensino fundamental, no ensino médio. Como fazê-lo, sem dúvida, é uma tarefa árdua e criativa, outorgada aos educadores e educadoras que almejam uma escola alegre e formadora. Pensar nessa escola implica admitir a superação de exclusões e dualismos históricos que têm marcado nosso olhar e nossas práticas no cotidiano escolar. Significa produzir projetos que possam ir ao encontro do ser humano. Negar o universo simbólico lúdico, sob o argumento de que esse não é o papel da instituição escolar, é negar o trajeto do desenvolvimento humano e sua inserção cultural. É desviar a função da escola do processo de construção de valores e de um sujeito crítico, autônomo e democrático. É negar, principalmente, as possibilidades da criatividade humana. Por isso, é preciso ousar. Infinitamente ousar brincar na escola. Pois, como disse Neruda (1980), criança que não brinca não é criança. Adulto que não brinca perdeu para sempre a criança que existe dentro dele.

Referências bibliográficas

ARANTES, V. A. (org.). *Afetividade na escola*: alternativas teóricas e práticas. São Paulo: Summus, 2003.

ARIÈS, P. *A história social da criança e da família*. Rio de Janeiro: Zahar, 1981.

BANCKS-LEITE, L. *et al*. *A educação de um selvagem: as experiências pedagógicas de Jean Itard*. São Paulo: Cortez, 2000.

BARTH, R. A personal vision of a good school. *Phi Delta Kappan*, n. 71, 1990, p. 512-71.

BLIKSTEIN, I. *Kaspar Hauser ou a fabricação da realidade*. São Paulo: Cultrix/USP, 1983.

BROUGÈRE, G. *Brinquedo e cultura*. São Paulo: Cortez, 2000.

_____. *Brinquedos e companhia*. São Paulo: Cortez, 2004.

BUYTENDIJK, B. *A alegria da criança*. São Paulo: Melhoramentos, 1941.

CONICET, C. R. L. *Linguagem e semiótica em Jean Itard*. Buenos Aires: Universidade de Buenos Aires, 2003. (Mimeogr.)

DANTAS, H. Brincar e trabalhar. In: HISHIMOTO, T. M. *O brincar e suas teorias*. São Paulo: Pioneira, 1998, p. 111-22.

DOLTO, F. *Solidão*. São Paulo: Martins Fontes, 2000.

FRENZEL, R. M. *Jugando*. México: Extemporâneos, 1977.

FRIEDMAN, A. *Brincar: crescer e aprender*. São Paulo: Moderna, 1996.

GROOS, K. The play of animals: play and instinct. In: BRUNNER, J. S. *Play*. Middlesex: Penguim Books, 1989.

HUIZINGA, J. Play and contest as civilizing functions. In: BRUNNER, J. S. *Play*. Middlesex: Penguim Books, 1989.

ITARD, J. M. G. *Victor de l'Aveyron*. Paris: Allia, 1994.

KAMII, C. *A teoria de Jean Piaget e a educação pré-escolar*. Lisboa: Socicultur, 1991.

KISHIMOTO, T. M. (org.). *O brincar e suas teorias*. São Paulo: Pioneira, 1998.

KLEIN, M. *Inveja e gratidão e outros trabalhos*. Rio de Janeiro: Imago, 1975.

KUPFER, M. C. Afetividade e cognição: uma dicotomia em discussão. In: ARANTES, V. A. (org.). *Afetividade na escola*. São Paulo: Summus, 2003.

MACEDO, L. *Ensaios construtivistas*. São Paulo: Casa do Psicólogo, 1994.

MACEDO, L. *et al. Aprender com jogos e situações-problema*. Porto Alegre: Artmed, 2000.

MELLES DE OLIVEIRA, G. G. *Brincando com sucata: a espontaneidade em jogo*. Assis, 2005. Dissertação (Mestrado) – Programa de Pós-Graduação em Psicologia da Unesp/Assis.

NEGRINE, A. O lúdico no contexto da vida humana: da primeira infância à terceira idade. In: SANTOS, S. M. P. *Brinquedoteca: a criança, o adulto e o lúdico*. Petrópolis: Vozes, 2000.

NERUDA, P. *Confesso que vivi*. Rio de Janeiro: Difel, 1980.

OLIVEIRA, M. K. *Vygotsky: aprendizado e desenvolvimento, um processo histórico*. São Paulo: Scipione, 1993.

OLIVEIRA, M. K.; REGO, T. C. Vygotsky e as complexas relações entre cognição e afeto. In: ARANTES, V. A. (org.). *Afetividade na escola*: alternativas teóricas e práticas. São Paulo: Summus, 2003.

OLIVEIRA, V. B. *O símbolo e o brinquedo*. Petrópolis: Vozes, 1992.

_____. *O brincar e a criança do nascimento aos seis anos*. Petrópolis: Vozes, 2000.

PAVÓN, T. *Modelos organizadores y razonamiento moral: el sentimiento de culpa*. Barcelona, 2002. Tese (Doutorado) – Faculdade de Psicologia da Universidad de Barcelona.

PIAGET, J. *A formação do símbolo na criança*. Rio de Janeiro: Jorge Zahar, 1971.

_____. *A psicologia da criança*. São Paulo: Difel, 1974.

_____. *O juízo moral na criança*. São Paulo: Summus, 1994.

PONTES, F. A.; MAGALHÃES, C. M. C. A transmissão da cultura da brincadeira: algumas possibilidades de investigação. *Psicologia: Reflexão e Crítica*, Porto Alegre, v. 16, n. 1, 2003.

RAPPAPORT, C. *et al*. *Teorias do desenvolvimento*. São Paulo: EPU, 1981. v. 1-4.

SANNY, S. R. *Brincar, conhecer, ensinar*. São Paulo: Cortez, 1998.

SANTOS, S. M. S. (org.). *Brinquedoteca: a criança, o adulto e o lúdico*. Petrópolis: Vozes, 2000.

SASTRE, G. V.; MARIMON, M. M. *Resolução de conflitos e aprendizagem emocional: gênero e transversalidade*. São Paulo: Moderna, 2002.

TIMÓN, M. *Razonamiento moral y sentimientos en la cultura de géneros*. Barcelona, 2002. Tese (Doutorado) – Faculdade de Psicologia da Universidade de Barcelona.

VASCONCELOS, M. S. *A difusão das idéias de Piaget no Brasil*. São Paulo: Casa do Psicólogo, 1996.

_____. *Criatividade: psicologia, educação e conhecimento do novo*. São Paulo: Moderna, 2001.

_____. Disciplina e indisciplina como representações na educação contemporânea: a ética da obediência. In: BARBOSA, R. L. L. (org.). *Formação de educadores: desafios e perspectivas*. São Paulo: Unesp, 2003.

VERISSIMO, L. F. *et al*. *O desafio ético*. Rio de Janeiro: Garamond, 2000.

VYGOTSKY, L. S. *The psychology of art*. Cambridge, Mass.: The MIT Press, 1971.

_____. *A formação social da mente*. São Paulo: Martins Fontes, 1989.

_____. *Obras escogidas – Psicología infantil*. Madri: Ministerio de Educación y Ciencia/ Visor distribuciones, 1991. t. IV

WAJSKOP, G. *Brincar na pré-escola*. São Paulo: Cortez, 1999.

WINNICOTT, D. W. *O brincar e a realidade*. Rio de Janeiro: Imago, 1972.

Escola não é lugar de brincar?

Maria Lúcia de Oliveira

Por que pensar e falar sobre humor e escola?

De início, pode-se afirmar que a proposição do tema suscite a existência de alguma controvérsia nas relações que se estabelecem entre o ensino formal, a aprendizagem e o humor. Em seguida, dados os desafios que na atualidade vêm se impondo à educação em geral, e à educação escolarizada em particular, a alegria e o humor tornaram-se temas fundamentais e recorrentes da educação. Se precisamos falar em alegria na escola, isso se deve ao fato de que a escola é mal-humorada.

De acordo com o dicionário Houaiss (2001), humor quer dizer disposição de espírito; capacidade de perceber, apreciar ou expressar o que é cômico ou divertido, enquanto alegria traduz-se por prazer moral, divertimento, festa, satisfação, júbilo.

Disposição do espírito para o divertimento consta como aspecto essencial da educação na Antiguidade, quando aprender e brincar misturavam-se naturalmente e eram elementos que não se dissociavam.

Desde os tempos mais remotos, verifica-se a paixão do homem pelo disfarce. Na sociedade antiga era o modo principal de divertimento. O teatro, os jogos de mímica compunham o lúdico que, por sua vez, era comum a crianças e adultos. A alegria, a brincadeira eram elementos/instrumentos de educação-formação.

A educação grega e a alegria

A educação grega compreendia a formação artesanal de homens, mais afeita à arte do que à técnica de instrução e qualificação. Aristóteles defendia que a educação da criança para a vida pública deveria ser, sobretudo, prática.

Na obra *Paidéia*, de Werner Jaeger (1986, p. 923), Platão é considerado o fundador da pedagogia da primeira infância. Em suas considerações sobre a educação da criança, ele valoriza o movimento como recurso de pacificação. O indicado para sossegar a criança não é o silêncio, mas o canto.

Platão avalia como fundamental para a educação o estabelecimento de uma adequada relação com a vida instintiva da primeira idade. Por isso, a criança deveria movimentar-se sempre. A quietude é contrária à natureza da criança, enquanto a alegria é o ingrediente potencializador da educação dos jovens; portanto, o objetivo deve ser a alegria.

A libertação do medo é o primeiro passo a ser dado, para que a valentia, a meta educacional, seja atingida. O descontentamento e o mau humor contribuem para a sensação de medo e para condutas de omissão e covardia.

Pensou-se a educação como o processo preparatório para a iniciação de outro em sua busca de um lugar no mundo. Para atingir esse objetivo, valorizavam-se o humor, como disposição para aprender, e os movimentos ritmados, como meios de exercícios de liberdade e autoconfiança. Pode-se falar sem dúvida de um processo condizente com o cultivo da identidade dos valentes e dos corajosos.

Entre os gregos antigos, valorizava-se a capacidade inventiva da criança na criação de jogos, e a fantasia era considerada o recurso mais valioso para o desenvolvimento da autonomia.

O respeito à liberdade e à criatividade da criança está longe do sentido que os chamados brinquedos educativos adquiriram historicamente. Tudo leva a crer que a essência educativa encontrava-se no brincar, mais do que nos brinquedos. A valorização da capacidade de inventar, disfarçar, simbolizar, representar, ironizar, isto é, da expressividade e criatividade em consonância com o instintivo, era o principal recurso educativo.

A premissa fundamental da educação reside na estabilidade das normas e do Estado. Como a arte do culto ao humano, a educação grega sustentava-se na exigência de um educador que servisse de modelo virtuoso, e de um Estado que garantisse a estabilidade institucional.

Os gregos sabiam que a aprendizagem para a vida se dá com outro (aquele com quem são partilhados os jogos, as frustrações, o acolhimento e a proteção, numa atitude lúdica), e cobravam condições diferentes da necessária para a aprendizagem de um teorema.

Educar alude ao aperfeiçoamento humano e às aptidões para a vida prática. Todo conhecimento se traduz na experiência encarnada. Não se trata de mera instrução, nem coincide com simples informação teórica. No que se refere aos governantes, deles se exigia que conhecessem os valores como domínio sobre as coisas com as quais vale a pena se preocupar. Na ação, o saber das supremas coisas humanas.

A condição de vir a ser adulto, no pensamento antigo, pressupunha o respeito à ética. A educação, para Aristóteles, representava a primeira apropriação da virtude realizada pela criança. Ele considerava que as ações virtuosas permitiam ao homem tornar-se cidadão virtuoso.

Esse conceito de educar pressupõe uma anterioridade, pois determina que o educador tenha a formação que lhe permita servir de exemplo ao jovem, mediante a prática de ações virtuosas; para que aquele fosse educado em tais e tais hábitos e, assim, realizar ações virtuosas (Pereira, 1994, p. 209).

O hábito é formador de caráter; por isso os jogos praticados pelas crianças tinham regras estáveis e mantinham-se à margem de modismos, experimentações e arbitrariedades. A estabilidade ocupava o centro da formação e a mudança era tida como perigosa. O antigo, diferentemente do que ocorre em nossos dias, era valorizado. Dava-se significativa importância ao tempo, por esse representar experiência adquirida.

A educação ligava-se à ação, e por intermédio dela a criança podia encontrar um lugar no mundo. O educador devia entao estar em condições de representar o mundo para as crianças, assumindo responsabilidade por ele, descrevendo-o tal como ele é, e encarregando-se de transmitir a tradição, saber/conhecimento que constituiria a herança das gerações seguintes.

Ser o melhor possível era o espírito da educação clássica: Aretê era a arte de iniciar o outro naquilo que o tornaria melhor, levando-o a cultivar-se e a cultivar em si a humanidade. A religiosidade e a vida social formavam uma unidade da qual se podia formar uma idéia teocêntrica de educação. A vida humana na sua forma suprema era e deveria continuar sendo divina. *Logos* é o divino do homem e o fio por meio do qual Deus move os homens (Jaeger, 1986, p. 929).

Entre os romanos, Quintiliano foi considerado um pensador da pedagogia. Para ele, o ensino deveria fundar-se no conhecimento, por parte do professor, das disposições da criança. Desde que a criança era confiada a um mestre hábil, esse deveria dedicar-se a conhecer a fundo, antes de tudo, a inteligência e o caráter de seu pequeno discípulo. Para ele, era preciso zelar para que a inexperiência do discípulo encontrasse na virtude do mestre uma garantia contra todo atentado, para que sua impetuosidade fosse desviada da permissividade (Pereira, 1994, p. 210).

* * *

Muitos estudiosos nos chamam a atenção para a origem da escola e suas diferentes funções ao longo do tempo.

Em Ariès (1978) lê-se que, no século XIII, o objetivo do colégio limitava-se à moral, sendo estranha às concepções dessa época a idéia de educação. A escola medieval empenhava-se no aprimoramento espiritual, na proteção contra as tentações da vida leiga. Não se destinava às crianças e era indiferente à distinção de idades.

O autor descreve a escola medieval como técnica, destinada à instrução dos clérigos, "jovens ou velhos", como dizia o *Doctrinal* de Michault. Ela acolhia, da mesma forma, crianças, jovens e adultos, precoces ou atrasados, ao pé das cátedras magisteriais (ibidem, 1978, p. 187).

Nessa época, a escola era indiferente à formação infantil. Por isso ignorava aspectos que, a partir do século XV, começariam a ser focados: a diferenciação das idades, a criação de classes escolares e a divisão da população escolar em grupos de mesma capacidade.

Os colégios do século XIII eram instituições democráticas fundadas por filantropos para atender à demanda de estudantes pobres. A partir do século XV, transformaram-se em instituições de ensino, isto é, em centros de instrução e formação de estudantes e, assim, em instrumento essencial da sociedade para a educação da infância e da juventude.

Na Idade Média, a relação entre mestres mais sábios e discípulos ocorria de modo lúdico. Aliás, observo que um dos sentidos derivados de *ludus* é escola; fenômeno paralelo ao da derivação de escola, de *scholé*, lazer (Lavand, 1998, p. 283).

O elogio ao lúdico foi uma marca medieval e teve em São Tomás de Aquino a fundamentação filosófica. Incentivava-se o brincar, porque ele era associado à sabedoria divina e à criação. Para Tomás de Aquino, brincar é necessário à vida humana como repouso para a alma.

Dessas idéias depreende-se que o ensino deve se dar num contexto lúdico em que a brincadeira é utilizada didaticamente para aguçar a inteligência. A tristeza produz estreitamento e se constitui em bloqueio para a aprendizagem. Na época medieval, a valorização do lúdico sustenta-se na fundamentação teológica, segundo a qual o senso de humor pressupõe a aceitação da condição de criatura de Deus, aceitando humildemente sua impossibilidade de obter compreensão absoluta do mundo pela razão humana. Trata-se de uma valorização da razão mas não do racionalismo, que se sustenta no domínio racional do mundo. Por isso é sério, alheio ao sorriso e ao lúdico.

O estabelecimento das disciplinas foi um diferencial e completou a evolução que conduziu à transformação da escola medieval, de simples sala de aula à instituição complexa que se tornou o colégio moderno. Não apenas de ensino, mas de vigilância e de enquadramento da juventude (Ariès, 1978, p. 70).

No século XVI, o colégio se abre para leigos, nobres burgueses e famílias mais populares, tornando-se assim uma instituição essencial da sociedade para formar as gerações instruídas do *Ancien Régime*.

A educação – não somente instrução, mas, sobretudo, formação de espíritos – torna-se a preocupação central dos adeptos de uma nova idéia da infância e de sua educação. O desenvolvimento de um sistema disciplinar rigoroso é o elemento sobre o qual se assentará o espírito da responsabilidade dos mestres, que concebem a infância como fraqueza.

Para tratar da infância, surgem alguns recursos, como a vigilância constante, a aplicação de castigos corporais (com a utilização do chicote), a delação. Esse regime disciplinar coercitivo, excessivamente rigoroso, encontrou oposição entre os franceses e, ao longo do século XVIII, atenuou-se.

No século XIX, a concepção de educação passou a visar à preparação para a responsabilidade da vida adulta. Para levar a efeito tal meta, exigia-se uma formação em etapas, e não uma transformação por meio da brutalidade. Diferentemente da educação grega, o mundo pós-grego assiste à separação entre Estado e clero, e esse transforma-se na principal instituição educativa.

Do antigo ao atual

A louvação da alegria e do humor na experiência da educação pós-clássica dará lugar ao que vamos assistir como disciplina. Trata-se de expurgar o infantil de cada um, esse considerado (pela tradição religiosa) um estado vil da natureza humana. A cura do (mal) infantil está no fundamento da escola moderna que, pelo cultivo da razão, prevenirá e corrigirá os desvios, ou seja, a inclinação para o mal.

Como observa Bacha (2002, p. 106), o instrumento dessa operação ascética será a razão desencarnada e escolarizada que fará da escola o lugar de confinamento da infância, pelo processo de enclausuramento.

A expansão das escolas para fora do âmbito clerical se deu nesse contexto de recalcamento da criatura diabólica, evocada nos discursos sobre o infantil. Bacha (ibidem, p. 108) demonstrou que a novidade nesse momento "moderno" da história ocidental é que a criança seria recalcada ou purificada mediante sua transformação, *pela escola*, em sujeito epistêmico, científico e racional. Irracional, ela frisa, a infância é um mal do qual todo homem deve ser curado.

Obra da modernidade, avessa à singularidade carnal do sujeito, como observa Mezan, a escola que conhecemos pretende funcionar com a precisão de um relógio, voltado para o futuro para não ver, talvez, a criança que sobrevive em cada um de nós. Por isso o isolamento das pulsões para torná-las pura razão (*apud* Bacha, ibidem, p. 107).

O brincar é incompatível com a educação escolarizada. Nessa, exila-se o lúdico, pois ele é visto como falta de concentração, de objetividade, inútil, sendo institucionalizado e burocratizado. Haverá o tempo para o sério (a aprendizagem) e o tempo para a recreação, distração (o recreio, o intervalo que será sempre entre um trabalho e outro).

A idéia na qual se funda a tendência da escola é a de que o divertimento, o lazer, a arte, por não serem pragmáticos, úteis, se opõem ao trabalho, convertem a alegria e o brincar em manifestações indesejáveis ao ambiente escolar, por ligarem-se ao ócio, ao prazer e à vida imaginativa, opondo-se ao racionalismo que se pretende.

O compromisso com a domesticação dos corpos e dos espíritos chega a tornar a escola uma instituição afeita à pedagogia do constrangimento, da humilhação, na qual, não raro, o sadismo é uma presença instituída, significativa das relações entre professor e aluno.

Enquanto para os gregos a educação tinha por finalidade o bem supremo, um ir em direção a um ideal, a educação inaugurada pelos colégios contava com o rigor disciplinar sustentado pela vigilância e correção.

Um prazer possível seria o desfrute do reconhecimento do estudante pela autoridade escolar. Isso dá prazer moral. Sustentado no rigor disciplinar, pode-se dizer que o interesse da escola liga-se ao aluno bem comportado, obediente, e não propriamente ao estudante criativo.

Basta lembrar quantos cientistas e pensadores tiveram incompatibilidades com a vida escolar por diversos motivos, não sendo raras as vezes em que esses alunos foram desestimulados a continuar os estudos, sob a justificativa de que não tinham vocação para a atividade a que se dedicavam. Evidentemente, a domesticação do espírito não coincide com o espírito científico nem com o artístico.

Nossa educação escolarizada pode combinar com alegria (como prazer moral do reconhecimento), mas não é nada fácil pensá-la vocacionada ao humor como disposição de espírito para a expressão e a percepção do cômico e do divertido no conhecimento e na atividade de pensar. Nessa concepção de escola, pensar e aprender não combinam com o prazer nem com o lúdico.

A educação, contudo, é inerente à vida humana. Diferentemente dos animais, a necessidade de formar o ser humano, o indivíduo, a pessoa, o cidadão, o adulto, o profissional, um ser civilizado, enfim, pressupõe um processo de aprendizagem que implica a substituição dos instintos. Esse processo está longe de ser controlado racionalmente. Nesse sentido, a educação se associa com a alegria e com o humor para a conquista, o domínio e a transformação da natureza – a criação de cultura.

Aprender é o meio de domínio e superação de dificuldades que a vida impõe para a preservação da vida e do convívio. A educação coaduna-se com a preparação para a vida individual e coletiva, para a vida socializada.

Freud e o prazer de conhecer – Razão e paixão

No final do século XIX, Freud demonstrou o funcionamento do inconsciente como a atividade central dos fazeres humanos, concluindo que a vida racional é fruto de um reducionismo do irracional. Freud viveu uma ironia. Como médico bem-intencionado, dedicava-se a curar doentes. No entanto, na tentativa de curar o sofrimento e os sintomas histéricos, encontrou, como se diria hoje, os princípios ativos do funcionamento psíquico da loucura de todos nós!

Os sonhos, a troca involuntária de palavras e os *lapsus linguae* ofereceram-se a Freud como pistas para a compreensão do funcionamento da mente. Ele mesmo os considerou como elementos da psicopatologia da vida cotidiana. Loucuras cotidianas que atestam a existência do inconsciente como "significações materializadas" em sonhos, pensamentos e atos falhos integram nossa vida racional.

Seu maior legado à humanidade foi a descoberta dos modos de funcionamento do inconsciente, dos modos de expressão e inscrição da vida e da morte no corpo e no fazer humano, da vida mental e, nessa, a produção de sintomas.

Ele mostrou a vida racional como uma conquista, um harmonioso acordo com as paixões, e não sua exclusão. A partir de Freud, não é mais possível aceitar a soberania da razão.

Em sua totalidade, a obra de Freud, e de outros cientistas, atesta a importância do acolhimento da ignorância, da ironia e do humor (no sentido dado por Houaiss) como condições para o conhecimento. Aprendizagem e amor (Eros) se implicam. A aprendizagem funda-se em Eros e, como ligação ou construção, serve a Eros.

Freud descobriu a vida humana em suas relações com o prazer, ou melhor, com a tentativa do inconsciente de afastamento do desprazer (o conhecimento se dá na experiência de representação de prazer; nesse sentido, o corpo é sexual).

O conhecimento e o gosto por conhecer evoluem a partir do prazer corporal. O amor corporal transforma-se em amor pelo conhecimento, tornando-se esse, a partir de então, uma forma de amar – recurso necessário para a transformação e o domínio da natureza, do indivíduo e da vida relacional. O bom humor, por sua vez, opera de forma eficiente diante de frustrações, porque ajuda o indivíduo a resignar-se diante do inesperado e a descobrir novas saídas.

Todos sabemos que comumente o riso é um bom recurso para as frustrações. Humor e ironia são fundamentais para garantir o conhecimento. Dessa forma, conhecimento implica experiência, conquista, criação e recriação da vida. Está comprometido com Eros, com o encantamento e com a realização de desejo,[1] não como necessidade, mas como matriz simbólica das emoções e, portanto, inacessível, inalcançável, inconsciente (Herrmann, 1999).

O conhecimento se faz acompanhar da esperança, sendo fonte de prazer e, por vezes, representando um recurso contra a angústia. Vale lembrar que, no escuro, pode-se ver muito do que é produzido por nossa vida mental, por nossas fantasias. Daí o medo.

O esclarecimento tem o sentido de abandonar o escuro, a ignorância, sendo o meio de tornar tudo claro, compreensível.

Conhecimento e prazer

Freud supôs a existência de dois princípios que regem o funcionamento mental e a relação da pessoa com o mundo. O primeiro

---

1. Freud não identifica necessidade com desejo. O desejo está indissoluvelmente ligado a "traços mnésicos" e encontra sua realização na reprodução alucinatória das percepções tornadas sinais dessa satisfação. O desejo é inconsciente e ligado a sinais infantis indestrutíveis (Laplanche, 2001, p. 114).

liga-se à fuga do desprazer ou das tensões desagradáveis do querer onipotente, voraz. Já o princípio de realidade modifica o primeiro na medida em que consegue impor-se como princípio regulador.

A procura da satisfação se dá não pelos caminhos mais curtos, porque na tentativa de tomar atalhos ocorre o desvio e adia-se o êxito em decorrência das condições impostas pelo mundo exterior (Laplanche, 2001, p. 368).

Nesse sentido, a educação é um processo de restrição, contrição, supressão de tendências, dado o seu caráter de conformação. O princípio de realidade, porém, é, essencialmente, proteção do prazer e recurso na garantia de sua não-extinção.

A educação, portanto, deve ser tomada como incentivo à conquista do princípio de prazer com sua substituição pelo princípio de realidade, que auxilia no processo de desenvolvimento do ego como instância reguladora de tendências e possibilidades.

As tendências mais primitivas e as satisfações momentâneas devem ser substituídas ou transformadas não em descargas eróticas ou puramente agressivas, mas em realizações e construções significativas para a vida individual e coletiva. Mais do que supressão, Freud associa a educação a um processo árduo para dar voz aos sonhos infantis e à verdade inconsciente de cada um. É nesse sentido que Kaës (1984, p. 7) considera que a educação é uma técnica essencialmente humana, que assegura a permeabilidade entre a realidade psíquica (a da fantasia) e a realidade externa.

O investimento na conceituação do que é o objetivo da educação, anunciada no século XIX, já não pode oferecer nenhum proveito sem que se leve em consideração a complexidade do inconsciente.

Freud deflagrou uma revolução epistemológica, forçando a aceitação do não-saber, apontando a falha na crença de que a educação possa surgir de um processo controlado pela razão e ligado ao exercício virtuoso de técnicas e métodos. A percepção da existência do inconsciente e de seus efeitos na construção do sujeito e na de sua identidade e realidade rompeu com a maneira tradicional de se restringir o psíquico à órbita da consciência, definindo-o como produto exclusivo dos sentidos. O psiquismo, ao contrário, é o inconsciente.

A partir de então, a psicanálise servirá de oposição a qualquer forma de saber que tenha a pretensão totalizante. Além disso, todo saber remete ao psíquico e é marcado pelo sentido. Freud rompeu com a tradição científica do século XIX, prescrita pela ciência natural, por fundamentar-se num saber particular, singular, portanto desejante (saber com sujeito). Com isso, ele inaugurou uma lógica diferente daquela baseada na consciência e em um sistema de regras que busca justificar ou explicar pensamentos, atos, afazeres humanos, substituindo-a por um processo que se refere à lógica das concepções de atos e pensamentos (o inconsciente).

As conseqüências para a concepção da formação dos sujeitos e para a educação são claras: aproxima-nos do lugar do *outro humano* na constituição do sujeito, isto é, impõe à educação um caráter intersubjetivo, inter-humano. O outro passa a ser percebido como fundador do sujeito; não se trata mais de educar respeitando ou não instintos. Trata-se de tomar as pulsões como potencialidade de construir ou de destruir, sem que haja predestinação do conteúdo em que elas irão converter-se. O outro humano, com a experiência que proporciona ao educando, é quem satisfaz necessidades e sustenta o desejo do sujeito. A permeabilidade entre a fantasia e a realidade externa é assegurada pela técnica humana do educador.

Fazendo uma analogia com a observação de Birman (1994, p. 21) sobre o analista, o outro – o educador – será o suporte para que a força das pulsões se inscreva no universo da representação. O suporte de outro garante a passagem do registro do corpo ao sentido, ao psíquico. Por intermédio de outro a criança constrói suas representações de identidade (o que ela é) e de realidade (o que é o mundo).

Freud assinalou a importância da mãe como primeira intérprete das demandas da criança: sem ela as pulsões infantis não se representam. O infantil aqui alude ao arcaico, ao inconsciente, e não ao infantil cronológico, isto é, à infância. Do mesmo modo, a função materna, a partir das concepções freudianas, não se identifica com o comportamento da mãe nem com as intenções dela.

Embora não se possa negar a idéia de limite na educação, dado seu caráter de aprendizagem, o dar voz, simbolização, expressão aos sonhos infantis – isto é, a transformações de tendências – parece essencial na concepção de Freud sobre a educação bem acabada e o seu segredo, certamente.

Pensada desse modo, a educação é obra da imaginação e do desejo e, ao mesmo tempo, meio de conformar esse desejo. Mais que supressão de impulsos, domesticação, a educação é processo de construção do humano. Sob a influência dessas idéias, a escola superaria a idéia de instituição disciplinar e de enquadramento da infância e/ou da juventude, trocando a valorização da submissão moral, intelectual – o que define o bom aluno –, pelo processo de construção da autonomia intelectual – o que define o bom estudante.

A educação não pode ser separada de seu sentido inconsciente, porque esse é co-agente e co-produtor dos fazeres humanos, os quais estão sempre implicados no percurso do desejo, do infantil e da fantasia... Dado que o ser humano é, sobretudo, um ser do desejo, mais do que da necessidade, é imprescindível considerar que aprender, pensar e ensinar são atividades investidas de fantasia. Para além da necessidade intelectual, pensar e conhecer aludem à atividade de dominar e destruir enigmas... que é fonte de prazer e de angústia. O que sustenta o saber é a paixão, a alegria de conhecer.

Mas o que é dar voz ao desejo infantil? E será possível pensar nisso na escola?

Para Freud, o prazer de saber, a curiosidade e o trabalho intelectual derivam dos interesses mais primitivos, auto-eróticos, ligados ao corpo. São herdeiros da sexualidade infantil e, em essência, são também sexuais; são a própria sexualidade.[2]

O conhecimento, o pensamento, a memória sustentam-se em matrizes afetivas de ódio e amor, de prazer e desprazer.

O amor (Eros) é o companheiro (os gregos pareciam saber bem disso) inseparável do conhecimento, desde a mais simples tentativa de compreensão. O amor implica abertura, disponibilidade para provar o diferente, o não-saber, o misterioso, o desconhecido e a singularidade.

A consideração pelo diferente e a disponibilidade para compreender são caminhos para se aprender com afeição, e, nesse

---

2. A sexualidade, afirma Mezan (1998, p. 181), não é necessária à vida do indivíduo como tal; ela tem por função biológica a reprodução da espécie, e nisso o homem se assemelha a muitos outros organismos. Mas na espécie humana a sexualidade apresenta um componente psíquico que a singulariza: ela é, desde o início, psicossexualidade, liga-se ao auto-erotismo e a prazeres supérfluos; do ponto de vista da estrita autoconservação, tem um vínculo indissolúvel com a fantasia, com o desejo e com as emoções.

caso, frustrar-se faz parte do processo de conhecer. Conhecer está implicado na vida afetiva – afetar-se; pauta-se pelos princípios de realidade e de prazer. Conhecer é não raro uma experiência com a ironia.

O bom humor é um recurso, quase uma condição *sine qua non* para suportar o desconforto, a decepção de alcançar o conhecimento; ele acolhe a ironia.

* * *

Em seus trabalhos sobre nossas psicopatologias cotidianas, Freud descobriu que as brincadeiras jocosas, os chistes e as piadas são meios aceitáveis de veiculação da agressividade, da astúcia e da crítica.

Quando privilegia a disciplina e a normalização das crianças, a educação escolarizada abandona o lúdico como ingrediente educativo. Mais que isso, burocratiza-o, impondo a ele regras para sua manifestação, tais como hora e lugar.

O espírito lúdico é progressivamente abandonado pela escola, e se existe algum espaço para o humor ele resulta mais da atuação isolada de algum educador do que como proposta pedagógica e institucional. As proibições e os castigos físicos aplicados pela escola até não muito tempo atrás foram recursos de extinção dos instintos numa concepção de educação ligada à correção de desvios. Interpreta-se o brincar nesse contexto como oposição à *seriedade* disciplinadora exigida pela escola para o alcance do conhecimento.

A infância é a força rebelde e primitiva que deve ser catequizada ou domesticada para que o adulto, comprometido com as regras sociais e *civilizatórias*, emerja. Nesse processo, o infantil deve ser banido para instalar-se em seu lugar o espírito racionalista (sério e mal-humorado). O infantil, nesse contexto, é irresponsável e tem sinal negativo.

Pouco a pouco, a formação da criança alcança, em nosso século, o centro das atenções do projeto educacional e da ciência. Há uma progressiva valorização do lugar ocupado pela criança, e, paralelamente, houve a substituição dos pais e educadores, como referência de experiência e sabedoria, pelo discurso da ciência e pelo saber científico.

A ciência positiva colocou-se no lugar dos educadores e da experiência e surge, sem dúvida, como o amo contemporâneo; ficando os educadores como escravos de seus ditames.

Com o saber positivo e a potência de suas máquinas "inteligentes", a ciência se proclamou guia para a existência, prescrevendo-nos a maneira saudável e normal de ser que, quando observada na prática, nos permite alcançar a felicidade. O resultado é a proliferação inexaurível de receitas com esse objetivo (Betts, 1994).

A educação foi sendo, aos poucos, substituída e reduzida à pedagogia, e frutificaram-se as formulações científicas, os métodos e as técnicas. Apareceram os especialistas em educação, mais jovens, em número cada vez maior, menos experientes, menos sábios, com menos conhecimento acumulado, mas nem sempre com menos instrução adquirida por tantas reciclagens, aprimoramentos, especializações etc.

O brincar nesse panorama incorporou-se aos brinquedos educativos, pedagógicos, por meio dos quais o lúdico e o infantil devem submeter-se às regras com objetivos pedagógicos.

Nessa perspectiva, o folguedo é destituído da espontaneidade e liberdade imaginativa, que são suas funções mais importantes, para ser substituído pelos brincar *de* e brincar *para*... Os objetivos serão muitos, mas sempre pedagógicos, no sentido da técnica de ensinar! Essa é a forma privilegiada de o brincar ser valorizado na educação escolarizada contemporânea. A educação escolarizada fica distante das considerações a respeito do inconsciente, do reconhecimento da importância do infantil, do arcaico, do lúdico e da fantasia. E, não os valorizando como essenciais para o afloramento da curiosidade e intelectual e científica e na elaboração do racional, a escola fica distante do espaço criativo lúdico.

* * *

Por diversas vezes, no anos que antecederam o início do século XX, Freud chamou a atenção dos educadores para os malefícios e a ineficácia da severidade na educação, insistindo que o julgamento substituiria a repressão com vantagens para a saúde do sujeito. O excesso de rigor, advertia, prejudica a expressividade e provoca inibições.

O sofrimento causado a pacientes neuróticos e provocado pelos sintomas por eles vividos foi identificado por Freud como "expressão por vias tortas" dos conflitos psíquicos. Os sintomas – anestesias, dores, cegueiras, paralisias, anorexia – referem-se a uma comunicação do que não vai bem. Trata-se de uma comunicação que transforma o sentido original do conflito em muitas roupagens de natureza corporal e ou mental.

Tais transformações e tentativas de disfarce resultam em íntimas conexões entre memória e afeto (amor e ódio). Os atos falhos, *lapsus linguae*, contribuíram para que Freud constatasse o caráter afetivo da memória nas lembranças e nos esquecimentos. O excesso de repressão, processo que é um dos destinos dos impulsos (de vida ou morte), condena o sujeito à ignorância sobre si e a realidade exterior. Além de tudo, subtrai a energia psíquica da parte consciente da personalidade, prejudicando sua capacidade de funcionamento e incapacitando-o para a reflexão e o pensamento, tornando-o escravo da autoridade.

Freud avaliou a existência de muitos sofrimentos psíquicos como inúteis à educação, impróprios – repressores e causadores de submissão mais que de autonomia – ao modelo de educação vigente à sua época. Sustentava que a hipocrisia é o emblema do homem civilizado moderno.

Ferenczi (1991, p. 36), um dos pioneiros da psicanálise, afirmou, em um trabalho de 1908, que a pedagogia cultiva a negação das emoções e das idéias, acrescentando ser difícil definir o princípio que a rege. É com a mentira que ela mais se aparenta. E prossegue, dizendo: "Mas ao passo que os mentirosos e os hipócritas dissimulam as coisas para os outros, ou então apresentam-lhes emoções e idéias inexistentes, a pedagogia atual obriga a criança a mentir para si mesma, a negar o que *sabe* e o que *pensa*" (grifos nossos).

Ele foi enfático ao reiterar as proposições de Freud sobre a repressão, lembrando que as idéias afastadas da consciência nem por isso são suprimidas. Ao contrário, no decorrer do processo educativo, multiplicam-se, avolumam-se, numa espécie de personalidade distinta, cujos objetivos, desejos e fantasias, em geral, contradizem absolutamente os objetivos e as idéias conscientes.

A investigação sobre o psiquismo e o sofrimento mental, a partir de Freud, mostrou que a repressão, como modo de neutralização de tendências, não é eficaz. Em seu trabalho Psicanálise e pedagogia, de 1908, Ferenczi afirmava que a humanidade é educada para uma cegueira introspectiva, a qual predispõe ao aparecimento das doenças neuróticas. Ele insistia na possibilidade de uma reforma pedagógica fundamentada na compreensão e não no emprego do recalcamento das idéias ou princípios dogmáticos (Ferenczi, 1991, p. 37).

A descoberta da doença psiconeurótica permitiu a Freud e a Ferenczi uma visão crítica de um projeto de educação escolar que se sustentava na tradição racionalista (cartesiana). Não que Freud e Ferenczi advogassem em favor da liberação dos caprichos das pulsões, ou que atribuíssem a ela a liberdade e a felicidade humanas. O próprio Freud considerava positiva e importante a repressão da onipotência do desejo para a manutenção da vida criativa individual e coletiva. Ao contrário de propagar o *laissez-faire* ou a liberação de impulsos, os psicanalistas advertem que o sucesso da educação depende do que se faz com a potencialidade das pulsões de destruir, de construir e a que servirão.

A escola, como vem sendo instituída, sustenta-se em princípios dogmáticos e hipócritas, os quais negam o acolhimento do erótico, do agressivo e da sua expressividade. A crença no controle total de si e do outro significa a recusa do aspecto inconsciente como co-autor e co-produtor de educação e de aprendizagem, que, diga-se de passagem, habita tanto o educador quanto o educando, e pela intimidação põe em primeiro plano interesses que culminam em soluções antiéticas. A substituição do recalcamento pelo julgamento significa a ruptura com preconceitos que prejudicam o autoconhecimento e, como já observamos, a autonomia.

A partir das teses freudianas, a educação passou a ser compreendida como relacionada com a vigilância e com a cura do desejo no sentido de tratar, acolher, cuidar, consoante o processo de permeabilidade entre realidade psíquica e material, a importância da ética sobre a moral.

A permeabilidade, a que se refere Kaës (1984, p. 7), e o dar voz ao infantil, consoante Freud, confirmam a educação como processo que reconhece a importância da transformação dos impulsos e das tendências individuais, e não sua extinção.

Nesse aspecto, é bom que se observe que a aptidão para a liberdade e a autonomia do sujeito irá encontrar na educação o solo para essa tarefa, que é inter e intra-subjetiva. Reitero aqui que a racionalidade é um bem a ser conquistado e corresponde a um estágio mental a ser alcançado e mantido à custa do amansamento dos impulsos (de vida e de morte), e não com sua desvitalização. Por ser algo a ser alcançado, também se pode perder.

O alerta de Freud sobre a severidade excessiva dos educadores, sempre muito presente, principalmente nas décadas de 1960 e 1970, hoje bem poderia converter-se em um chamado para que os educadores não abdiquem da tarefa de educar, e tem importância não como conselho ou orientação de conduta. Seu valor consiste em sublinhar a importância da metamorfose pulsional, sendo esse o segredo da educação. Além disso, implica o educador e a subjetividade de suas técnicas e métodos.

Ferenczi (1992, p. 104) chama a atenção para a importância do reconhecimento, pelos adultos, de que por trás da submissão ou admiração dos educandos, alunos e filhos "esconde-se" o desejo de libertação. A promoção de uma educação que vise à autonomia requer que se dê valor à maneira pela qual os alunos pensam e falam, que pode esconder muitas críticas, e dessa forma, como diz, soltar-lhes a língua e permitir o pensar.

O autor evoca-nos a aprender com as crianças que as medidas punitivas são insustentáveis, que elas têm efeito de fixação e geram identificação com o agressor. Ele ressaltou que a personalidade, ainda fracamente desenvolvida, reage ao brusco desprazer, não pela defesa, mas pela identificação ansiosa e pela introjeção daquele que a ameaça e a agride (ibidem, p. 103). Isso se dá pela incapacidade da criança de reagir ou protestar contra a autoridade esmagadora do adulto.

Resta dizer, sobre a hipocrisia da educação, que a investigação do psiquismo contribuiu para demonstrar a importância do caráter extralúcido da comunicação; isto é, ajudou a descobrir que a comunicação se insere na organização fantasmática do emissor e do receptor da mensagem, e escapa, portanto, à organização intencional e racional.

As crianças não se impressionam com expressões teatrais, mas com aquilo que Ferenczi (ibidem) identifica como simpatia autêntica – a qual se traduz por empatia (colocar-se no lugar de, ao lado de, com). Há uma percepção extralúcida do movimento afetivo do outro. Quer dizer que, mais que gostar de crianças e de ensinar, o educador deve agarrar-se ao gosto de aprender das crianças e gostar, também, de aprender.

A relação intersubjetiva, por ser afetiva, favorece a experiência de auto-representação da criança. Desde Freud, o conhecimento acumulado sobre o psiquismo na construção do sujeito, e de suas relações, abre ao educador a possibilidade de conhecer o caráter intersubjetivo e inconsciente da transmissão. O professor não é apenas aquele que oferece um saber objetivo, mas, como já observamos, também é o *suporte* para que as pulsões (de vida e de morte) se inscrevam no universo da representação (da escrita, da fala, do desejo de conhecer, do humor como disposição de espírito para desfrutar do cômico e do irônico, na experiência humana). Facilita a germinação da capacidade criativa por se permitir suporte para simbolizações.

Nesse sentido, o professor pode ser repensado como educador e promotor de saúde e de autonomia para a maturidade. De tal ponto de vista, ele será não somente transmissor de cultura, mas, sem saber, colocar-se-á também como potencializador da criação, da manutenção e da destruição da cultura, para seus alunos. O ensino é, portanto, uma tarefa educativa, porque trata das representações de identidade e de realidade.

A palavra, a comunicação extralúcida, a observação, a atenção, o cuidado, o acolhimento do agressivo assumem função educativa, uma vez que acolhem e cuidam dos aspectos eróticos, amorosos ou agressivos, e facilitam travessias para construções/realizações simbólicas. Os afetos transformam-se em autoconhecimento e em construções civilizatórias, sendo, ao mesmo tempo, o combustível da educação.

Pode-se dizer que, com Freud e Ferenczi, o outro – aquele que educa, a mãe, o pai e o/a professor/a – são as matrizes de construção da vida emocional, mental e intelectual da criança.

O lúdico como espaço educativo/criativo

O poder para exprimir emoções e para brincar constrói-se a partir da capacidade sonhadora da mãe (como matriz de educação), a qual, de acordo com Bion (1991), empresta à criança sua mente, sua capacidade, seu modo de atribuir sentido, de interpretar e de nomear a experiência.

A mãe semeia e o professor cuida, trata, faz germinar, com sua fala, seu olhar e sua escuta, a atividade do pensamento. A mãe semeia o humor, a alegria, e a escola pode ou não encarregar-se de se constituir num lugar de vida e de alegria.

A existência de um espaço sonhante é definido, tanto por Bion (ibidem) quanto por Winnicott (1975, 1996), como indispensável ao desenvolvimento da capacidade de pensar, sendo, portanto, essencial à aprendizagem e à criatividade.

A mãe funciona mentalmente pela criança até que ela adquira a capacidade de transformar e nomear a experiência. A capacidade de suportar frustrações é parte desse processo. A mãe "suficientemente boa" adapta-se ativamente às necessidades do bebê, adaptação que diminui consoante a crescente capacidade daquele no aquilatar o fracasso da adaptação e tolerar os resultados da frustração. O êxito no cuidado infantil depende, na opinião do autor, da devoção e não do método, jeito ou esclarecimento intelectual (Winnicott, 1975, p. 25).

A criança, por sua vez, pode vir a lucrar com a experiência de frustração, já que a adaptação incompleta à necessidade torna reais os objetos, o que equivale a dizer: tão odiados quanto amados (ibidem, p. 25).

Como uma "mãe suficientemente boa", o professor também pode proporcionar à criança a noção de quem é, deixando manifestar-se o gosto por conhecer(-se). A educação, por esse ângulo, significa construção de conhecimento e autoconhecimento, *per via de levare*, como propôs Freud. Isto é, a tarefa da educação – por analogia à da psicanálise – pode ser pensada como um trabalho de escultor mais do que a de um pintor. O escultor dá forma, busca-a e a faz emergir; o pintor, por seu turno, elabora sua arte acrescentando tintas e cores.

O conhecimento, portanto, implica a capacidade de ter ciência com outro – *cognoscere* –, isto é, tal processo, evidentemente, decorre da capacidade de tolerar frustrações, perdas, e de substituí-las por símbolos. Essa incompletude característica do ser humano, aliada à sua capacidade de representar, constitui sua potência para construir ou destruir.

Pensadas dessa perspectiva, medidas educativas consistem em tolerância, em algum desprazer causado pela renúncia e na satisfação ou substituição de frustrações.

Proponho transportar esses conceitos para pensar o âmbito da escola, a qual, segundo Ariès (1978, p. 182), a partir do século XIX, irá focalizar a formação para a criança tornar-se um adulto; isto é, será aliada da família na formação de um ser humano. Diferentemente dos séculos XV e XVI, quando se justificava a humilhação a que era exposta a criança pelo critério do merecimento, na modernidade ela não é mais o ser desqualificado e fraco, mas precisa desenvolver-se para despertar em si o sentimento do adulto. Esse processo de maturação passa, sobretudo, por instâncias psíquicas; os pais teriam a responsabilidade paradoxal de introduzi-la no mundo para possibilitar seu desenvolvimento e, ao mesmo tempo, protegê-la do aspecto público do mundo para o qual ela ainda não está preparada. Para Pereira (1994, p. 209) nisso consistiria a educação familiar: dar à criança condições de acesso à cultura, preservando sua integridade física e psíquica. A escola funcionaria nessa perspectiva como a instituição que representa o mundo para a criança, intermediária, portanto, entre a família e a cultura.

Não é preciso dizer que a idéia de um "professor suficientemente bom", por analogia à "mãe suficientemente boa", é imprescindível para o desenvolvimento do projeto educacional escolar de construção de sujeitos.

Desse ponto de vista, a tarefa de ensinar é obra do desejo, e a verdadeira pedagogia consiste na vocação do/a professor/a em desejar o desejo de aprender do outro (ibidem, p. 215) ou, como disse poeticamente Guimarães Rosa, tornar-se doutor em palavras. Por isso, o método, as idéias e as técnicas são apenas acréscimos....

* * *

E a escola no Brasil? Lugar de instrução, de formação para a vida adulta, ou profissional? Lugar de exercício da cidadania? De quê?

De forma cada vez mais intensa, a escola dedica-se aos primeiros meses de vida da criança. Com nomes que remetem à felicidade ou ao lúdico e à alegria, ou ainda nomes de cientistas de reconhecimento mundial, as escolas se oferecem como veículos de sucesso pessoal-profissional. A escola, nos dias atuais, alardeia o compromisso com a verdade científica e com a felicidade. Mas como cumprir o compromisso?

As manifestações de violência e de indiferença comuns na escola, que tanto têm atormentado educadores e governos, referem-se a atitudes regressivas; isto é, exprimem ligação com o princípio de prazer, onipotente e narcísico, mais do que com o de realidade. Evidentemente, por mais incômodo que seja, é preciso perguntar se as crianças estão adquirindo autonomia ou se a autonomia que expressam não seria, muitas vezes, emblemática da desvalorização da vida e do convívio, o que sugere, dessa forma, que elas têm falta de educação, no sentido da ausência do trato e do cuidado que possa estar potencializando a vida afetiva para objetivos civilizatórios que garantam expressão simbólica ao agressivo e ao amoroso. Na escola, seriam expressos pelo prazer de conhecer e produzir conhecimento.

A crença na onipotência de uma educação cientificamente orientada tende a criar o fracasso e a impotência. Profissionais de diversas áreas têm observado ainda que os pais vêm sendo destituídos progressivamente do papel de educadores de seus filhos. Há uma forte tendência à substituição das figuras do pai, da mãe e de educadores por saberes científicos, o que torna os educadores cada vez mais restritos em sua competência para educar. Na atualidade, o saber suposto sobre a criança e o adolescente transpõe-se dos pais para pediatras, pedagogos, psicólogos ou nutricionistas – técnicos da infância –, instrumentalizados por saberes objetivos sobre a educação. Na escola, o ensino a distância é a marca da contemporaneidade. Recentemente, a demissão de professores com título de doutor vem demonstrar o caráter mercantilista de algumas redes particulares de ensino superior e denuncia a existência de novos obstáculos ao reconhecimento da experiência.

Os técnicos da infância, por intermédio de sistemas e metodologias variadas, parâmetros estatísticos, testes etc., substituem princípios e modelos identificatórios – tudo o que "*fala*" pelo ser humano. Essa é uma forma de isolar o saber não-controlável restringindo-se à subjetividade. Iludem-se quanto a poder produzir um saber sem desejo... e ensinar pela intencionalidade. É freqüente, contudo, nas últimas décadas, o elogio à afetividade na escola. Esse afetivo, porém, que tem merecido a atenção de tantos cursos de reciclagem para professores alude mais a comportamentos afetuosos, simpáticos, por parte do professor, do que à importância da empatia e da experiência com os possíveis vínculos entre ódio, amor e paixão de conhecer e de formar.

O conhecimento acumulado pela pesquisa da vida mental (com Freud, Winnicott, Bion, Ferenczi, Klein) permitiu descobrir e criticar as bases psíquicas da educação e, principalmente, sublinhar que o processo educativo envolve identificações essencialmente inconscientes. Salientar que o processo educativo não é propriamente fruto de ações intencionais quer dizer que a representação que o conhecimento tem para o educador orientará o modo como se colocará diante da experiência de ensinar.

Educar e formar têm mais conexões com a arte do que com a ciência. Afinal, a educação depois de Freud desafia a eficiência do calculável impondo a consideração pelo caráter singular e intersubjetivo do processo.

A atividade educativa não é assegurada por técnicas educativas específicas. A formação requer a excelência da técnica humana (Kaës, 1984). A educação demanda paixão formativa, *"pathos"*, e funde a um só tempo domesticação e autonomia.

A paixão é, portanto, produto de aspectos infantis que se atualizam *racional* e *amorosamente* na atividade educativa. Essa se sustenta numa espécie de alquimia, realizando a transformação das pulsões, em oposição ao processo de desenraizamento do mal originário, como ocorre na educação tradicional.

A paixão se caracteriza por entusiasmo, alegria e semeia humor porque possibilita ao educador abrir-se ao diferente, ao inesperado, à experiência e, assim, reconhecer a dependência da relação formativa, permitindo ao outro diferenciar-se e construir-se sem a necessidade de fazê-lo à imagem da autoridade.

A paixão de formar é descrita como realização de desejos infantis inconscientes, de modo que elementos agressivos e amorosos combinem-se de forma a produzir e permitir a emergência de criações e saberes significativos.

A criação de um estilo próprio de ser, o gosto pelo conhecimento e a condição de pensar por conta própria vinculam-se na aceitação, por parte de quem educa, das limitações e da consciência de suas possibilidades.

O humor, o entusiasmo e a alegria são, então, elementos fundamentais à educação de modo geral e à escolar, em particular. Desejar o desejo de aprender do outro talvez seja o segredo do bom mestre e a essência de uma alquimia do espírito que pode, de repente, produzir criatividade e gosto pelo conhecimento. Nos dias atuais, impõe-se redobrar a atenção sobre o fato de que o amadurecimento humano (intelectual, pessoal) se faz com outro capaz de dar/acolher/transformar/significar as vivências como um modelo vivo, porque vivemos numa cultura que se embasa na ilusão de que formação é sinônimo de informação e ser confunde-se com *saber* ou *parecer*. Cultura que vem expondo, cada vez mais, o fracasso dessa fórmula.

A associação entre desenvolvimento pessoal, informação, experiência é o grande desafio do educador hoje e a condição necessária para o exercício do caráter amoroso de seu ofício: o desejo de "fazer saber", saber de si, da vida, da cultura.

Winnicott (1996, p. 112) lembra que o sucesso da educação depende, de fato, da capacidade da criança de crer e de envolver-se, para o que a confiabilidade humana é condição *sine qua non*.

Assim, a devoção à criança, no sentido do compromisso amoroso, da construção e do desenvolvimento de outro, envolve a importância da comunicação extralúcida. Isto é, aquilo que eu transmito ao outro é sempre mais do que a intenção enunciada por intermédio das palavras.

As palavras são mágicas, podendo magicamente, como defendia Freud (*Obras completas*, 1973), fazer alguém feliz ou triste. A magia da palavra dá-se pela mediação de *outro* que pode então ajudar, ou atrapalhar, o conhecer e o pensar.

Esse outro, um professor, poderá ajudar a formação de um ser humano, facilitando, deixando surgir, desenvolvendo a potencialidade para o exercício do pensar criativo.

Pensar, nesse caso, mais que dominar o inconsciente, irracional, é dominar o que resiste à objetivação. Daí a importância de conceber a educação como processo, técnica humana de permeabilidade entre o psíquico e a realidade material. E por isso a transformação do que resiste, do adversário (o inconsciente), em aliado.

Essa transformação consiste no motor do ensino e da aprendizagem e é o desafio da educação depois de Freud. Isto é, o reconhecimento do inconsciente no território da razão. A importância do brincar se insere nesse contexto. O brincar serve de elo entre o mundo interior e a realidade externa compartilhada, serve de comunicação com o nível mais profundo.

Por isso, brincar é coisa séria. Veicula potencialidades, materializa e simboliza conflitos, realiza desejos e é, por isso, meio de fazer conhecimento, de experimentar o desconhecido de si em si... A brincadeira exprime sentimentos amorosos e agressivos, e, por vias aceitáveis, transforma a agressividade, recriando o mundo, e nele criando o que "não existe".

Baseada como é na simbolização, ela contém possibilidades infinitas. Habilita a criança a experimentar seja o que for que se encontre em sua íntima realidade psíquica, pessoal, que é a base do crescente sentido de identidade. Tanto haverá agressão quanto amor (Winnicott, 1982, p. 267).

A violência em escala crescente em nossos ambientes sociais, e particularmente no escolar, não pode deixar de ser vista como uma linguagem, um sinal de alerta, um grito de socorro em favor de autoridade, acolhimento, confiança, formação humana civilizada.

As manifestações de violência contra o outro (colega, pais, professores e autoridades em geral) expressam incapacidade para controlar ou transformar a agressividade e, muitas vezes, representam um método de construção e de manutenção de uma idéia de si, para produzir, "por vias tortas", proteção, limite e reparação de "erros", conforme demonstrei em pesquisa sobre rebeldia e identidade (Oliveira, 2001). São ensaios de pertencença.

A prescrição da racionalidade à custa da exclusão e negação do irracional vem sendo cada vez mais triunfante em nosso tempo. Paradoxalmente, no entanto, o triunfo do modelo da escola fundada num sistema racionalista, cientificista, expõe uma crescente produção de sintomas que alertam para o desmoronamento desse projeto. São denominados fracasso escolar, inibição intelectual, desinteresse, indisciplina, dificuldades de aprendizagem, violência etc. Talvez sejam novas psicopatologias de nossa vida cotidiana escolarizada. São expressão e manifestação do que não pode ser utilizado com positividade que são as paixões, os afetos.

A investigação do psiquismo acumulou ferramentas para a educação do século XXI e permite pensar na escola como espaço de construção de conhecimento e autoconhecimento, cada vez mais essencial à inserção civilizatória e ética no mundo.

Da educação escolarizada espera-se qualificação profissional. Cabe a ela assumir o importante papel da construção do autoconhecimento em prol da identidade pessoal ocupacional e profissional.

A difusão da psicanálise de modo doutrinário, sobretudo, e até ortopédico do comportamento, poderá corrigir seus rumos, e mais que inspirar uma pedagogia psicanalítica e a recuperação do modo de pensar de Freud, quando ele tomou a frustração, os sonhos, a ironia, o erro, a agressividade e o irracional como aliados do pensamento criativo científico, da conquista da verdade e, por isso, do conhecimento e da razão sábia.

O conhecimento acumulado pela psicanálise afeta e relativiza a soberania da razão, fundamenta a compreensão de que é no entrelaçamento de razão e paixão que se produz o conhecimento e a condição de liberdade. A paixão adquire, com Freud, papel cognitivo e se situa na origem do saber. Desconsiderá-la ou procurar inibi-la é um movimento que acaba sucumbindo ao irracional. Rouanet (1987, p. 453) chamou-o de razão louca. O projeto racionalista da escola está mais afeito à razão louca do que à sábia.

A razão sábia do acolher as paixões e os afetos autoriza ou rejeita gratificações de impulso pelo julgamento. Esse entendimento não só expande a tendência moralista da escolarização, mas concebe-a no contexto de produção de conhecimento distanciando-o do irracionalismo. A razão sábia está apta a produzir autonomia e liberdade e a desmascarar formas de desrazão que se afirmam como razão: ideologia, racionalizações ou preconceitos. Ela se liga ao afastamento e à liberação das paixões. Entendo que a definição de razão sábia situa-se no contexto das críticas de Freud e Ferenczi à educação.

Para a escola ser um lugar de alegria e humor, é preciso reconhecer o valor do irracional, do infantil, para a criatividade, e não restringi-lo, institucionalizando-o à hora do recreio ou ao período de carnaval; é preciso que cultive como valor a alquimia das paixões, o resgate das paixões e o acolhimento. É preciso que reconheça o humor como elemento indissociável da paixão pelo conhecimento que, em princípio, *deve ser do educador* – aquele que, como força motriz de sua formação, semeia humor e alegria para acolher o equívoco e suportar o não-saber.

A escola seria, por essa perspectiva, lugar de revelar, "deixar surgir", de conhecer a realidade e construir identidades. Seria, por isso, fundamentada na concepção de educação como promoção de maturidade e saúde, desenvolvendo o sentido de responsabilidade, envolvimento com o desejo, e sustentada pela razão sábia, e não no desastre racionalista. Sustentada pelo reconhecimento da dependência da relação formativa. A transmissão de conhecimento e de cultura vocaciona a escola a aumentar a autonomia, formando sujeitos do conhecimento, a erotizar o mundo para tornar a vida mais humana, mas isso será outra escola... e outra história.

Referências bibliográficas

Ariès, P. *História social da criança e da família*. Rio de Janeiro: Jorge Zahar, 1978.

Bacha, M. N. *A arte de formar*: o feminismo, o infantil e o epistemológico. Petrópolis: Vozes, 2002.

Betts, J. A. Missão impossível? Sexo, educação e ficção científica. In: Calligaris, C. *et al. Educa-se uma criança?* Porto Alegre: Artes e Ofícios, 1994.

Bion, W. R. *O aprender com a experiência*. Trad. Paulo Dias Corrêa. Rio de Janeiro: Imago, 1991.

Birman, J. *Psicanálise, ciência e cultura*. Rio de Janeiro: Jorge Zahar, 1994. (Pensamento Freudiano, 3)

Calligaris, C. *et al. Educa-se uma criança?* Porto Alegre: Artes e Ofícios, 1994.

Cardoso, S. *et al. Os sentidos da paixão*. São Paulo: Companhia das Letras, 1987.

Ferenczi, S. Psicanálise e pedagogia. In: ___. *Psicanálise I*. Trad. Álvaro Cabral e Cláudia Beliner. São Paulo: Martins Fontes, 1991. (Obras completas)

_____. A criança mal acolhida e sua pulsão de morte. In: ___. *Psicanálise IV*. Trad. Álvaro Cabral e Cláudia Beliner. São Paulo: Martins Fontes, 1992. (Obras completas)

FREUD, S. *Obras completas*. Madri: Biblioteca Nueva, 1973.

HERRMANN, F. A. *A psique e o eu*. São Paulo: Hepsyché, 1999.

HOUAISS, A. *Dicionário Houaiss da língua portuguesa*. Rio de Janeiro: Objetiva, 2001.

JAEGER, W. *Paidéia: a formação do homem grego*. Trad. Arthur M. Parreira. Adaptação do texto para educação brasileira Mônica Stahel M. da Silva. São Paulo: Martins Fontes, 1986.

KAËS, R.; DIDIER, A. *Fantasmatique et formation*. Paris: Dunod, 1984.

KUPFER, M. C. M. *Educação para o futuro: psicanálise e educação*. São Paulo: Escuta, 2000.

LAPLANCHE, J. *Vocabulário da psicanálise*. Trad. Pedro Tamen. 4. ed. São Paulo: Martins Fontes, 2001.

LAVAND, L. J. *Cultura e educação na Idade Média*. São Paulo: Martins Fontes, 1998.

MEZAN, R. *Tempo de muda: ensaios de psicanálise*. São Paulo: Companhia das Letras, 1998.

OLIVEIRA, M. L. Contribuições da psicanálise para a compreensão da criatividade. In: VASCONCELOS, M. S. (org.). *Criatividade: psicologia, educação e conhecimento do novo*. São Paulo: Moderna, 2001. (Educação em pauta/teorias e tendências)

_____. *Um fracasso que a escola não vê: estudo psicanalítico sobre o sentido da rebeldia e do conhecimento na construção da identidade*. Temas em Educação Escolar. Araraquara. Problemas da Educação sob o olhar da psicologia, 2001.

_____. *Educação e psicanálise – história, atualidade e perspectiva*. São Paulo: Casa do Psicólogo, 2003.

PATTO, M. H. S. Freud e a pedagogia. In: MACEDO, L. (org.). *Psicanálise e pedagogia*. São Paulo: Casa do Psicólogo, 1994.

PEREIRA, M. R. A transferência na relação ensinante. In: CALLIGARIS, C. *et al. Educa-se uma criança?* Porto Alegre: Artes e Ofícios, 1994.

ROUANET, S. P. Razão e paixão. In: VVAA *Os sentidos da paixão*. São Paulo: Companhia das Letras, 1987.

SILVA, M. C. P. *A paixão de formar: da psicanálise à educação*. Porto Alegre: Artes e Ofícios, 1994.

WINNICOTT, D. W. *A criança e seu mundo*. Rio de Janeiro: Livros Técnicos e científicos, 1982.

_____. *O brincar e a realidade*. Rio de Janeiro: Imago, 1975.

_____. *Tudo começa em casa*. Trad. Paulo Sandler. 2. ed. São Paulo: Martins Fontes, 1996. (Psicologia e Pedagogia)

Humor, educação
e pós-modernidade

José Sterza Justo

Existem duas expressões afetivo-emocionais básicas do ser humano: rir e chorar. Ontogeneticamente o choro é mais primitivo e praticamente inaugura a presença do sujeito no mundo, como se fosse seu primeiro pronunciamento. O riso aparece um pouco mais adiante, por volta do segundo mês de vida e, curiosamente, começa a manifestar-se diante da figura humana.

O choro primal ocorre num momento de total indiferenciação do sujeito com seu mundo e impossibilidade de o recém-nascido reconhecer e discriminar qualquer objeto do universo no qual está se inserindo. É uma reação ou manifestação do bebê descoordenada e sem uma intencionalidade precisa. Ele simplesmente deflete no mundo um sentimento inaugural, ainda difuso e sem um sentido plenamente estabelecido, mas que progressivamente irá se constituir como sentimento de desagrado, desconforto, sofrimento, podendo também assumir o sentido de uma reação de protesto.

Seja como for, riso e choro são duas reações emocionais importantíssimas e com alto valor de sobrevivência. O choro primal, aliás, é até induzido como forma de estimular o pleno funcionamento do organismo e provocar essa valiosa sinalização da existência de vida.

O riso, relativamente tardio, começa a aparecer timidamente nos cantos da boca, com movimentos sutis, enquanto o bebê dorme. No segundo mês já está bem estabelecido, não deixando dúvidas sobre as sensações de prazer e alegria que o acompanham. Daí para a frente, o riso não deixa de evoluir, tornando-se mais intenso, freqüente e inequívoco em suas expressões de contentamento e satisfação da criança, culminando na gargalhada.

Um primeiro fato marcante na gênese do riso é que ele começa a manifestar-se com maior eloqüência diante da percepção da figura humana pelo bebê. Nessa idade, a criança praticamente ri a toda hora que vê uma pessoa, mais precisamente quando visualiza o rosto do outro. Trata-se, inequivocamente, não apenas de uma demonstração do reconhecimento da figura humana e da capacidade do bebê em diferenciá-la de outros objetos do seu mundo, mas também de uma indubitável demonstração de sua profunda alegria e regozijo diante do reconhecimento de outro ser humano.

Se o mundo primevo, aquele totalmente caótico que se apresenta no nascimento, não é muito bem saudado pelo neonato, seguramente, aos poucos, ele vai conquistando o bebê. Torna-se mais atraente, institui-se nas representações psíquicas primitivas como fonte de prazer e, sem dúvida, alcança tal proeza quando consegue se mostrar como o local da presença de outro humano. Aí, em definitivo, o bebê orientar-se-á psicologicamente, cada vez mais, para o mundo exterior em busca da prazerosa visão sinalizadora da reconfortante presença do outro.

O riso e a alegria, portanto, acompanham esse acontecimento fundamental e decisivo para a constituição do sujeito: a descoberta concomitante do "Eu" e do "Outro". Como sabemos, é no interjogo entre as imagens de si mesmo e as imagens do Outro, no início completamente sobrepostas pelos mecanismos de projeção e introjeção, que o bebê começa a se reconhecer como pessoa. Ele se vê e se representa a partir da imagem dos outros com os quais interage, como se fossem espelhos que refletissem sua própria imagem. Assim, o riso inicial diante do reconhecimento do Outro é também um riso de júbilo pela própria descoberta de si mesmo ou de sua nascente existência no mundo dos homens, no mundo dos seus semelhantes.

O riso que emerge nas experiências primais de reconhecimento de si e do Outro, além de manifestar a satisfação e a tranqüilidade pelo encontro de alguém que assegura a fonte de vida, talvez manifeste, ainda, sentimentos e percepções menos práticos e funcionais, como a imagem de figuras divertidas, engraçadas ou, quiçá, até vistas como extravagantes.

O senso de humor instala-se rapidamente, permitindo as primeiras brincadeiras do adulto com o bebê, capazes de provocar o riso. E essas brincadeiras iniciais não passam de gracejos nos quais o adulto, fundamentalmente, mostra seu rosto e um sorriso largo esperando, de volta, a mesma resposta. Considerando que o bebê forma sua imagem a partir das imagens do Outro, uma boa parte dos núcleos iniciais constitutivos do "Eu" inclui representações de si como alguém alegre, engraçado e divertido. É exatamente isso que o adulto, como um grande espelho, está refletindo para o bebê quando se lança às primeiras brincadeiras. É como se o adulto estivesse dizendo com todas as letras para o bebê que ele é engraçado, divertido e brincalhão.

É claro que nem tudo é festa e alegria no início da vida, e por mais que o adulto se esforce não conseguirá evitar experiências de profunda dor e sofrimento. Aliás, na mesma época do aparecimento do sorriso comumente surge uma companheira muito desagradável: as dores decorrentes das cólicas intestinais. Independentemente delas, já desde o nascimento, serão inevitáveis algumas decepções, frustrações e sofrimentos, ainda que em momentos e situações muito passageiros, como num breve instante de fome, de frio ou de qualquer outro desconforto.

Melanie Klein (1979) descreve os primórdios da vida emocional do bebê como profundamente marcados por sentimentos de ameaça e aniquilação, provenientes do contato do bebê com o mundo mediado por experiências de frustração inevitáveis. Com efeito, o ato do nascimento modifica substancialmente as condições de existência da criança, apartando-a da simbiose fisiológica com a mãe e colocando-a radicalmente como um ser de necessidades fadado a ter de buscar no mundo as impostergáveis satisfações. E ela logo descobrirá que esse mundo não será sempre benevolente nem estará de prontidão para atender a suas necessidades.

Se, porém, desde cedo o bebê se defronta com um mundo persecutório, defronta-se também com um mundo acolhedor, generoso, divertido e prazenteiro. As imagens de si e do mundo decorrentes das experiências de satisfação darão origem às primeiras representações do "Eu". Segundo Freud (2002a), as atividades psicológicas primevas, comandadas pelo princípio do prazer, por um lado, procuram associar o sujeito, o seu "Eu", a tudo que é vivido como prazeroso, e, por outro, procuram mantê-lo afastado de tudo que é desprazeroso. Forma-se, assim, o primeiro "Eu" designado por Freud como "Eu do prazer". Posteriormente é que aparecerá o "Eu da realidade", capaz de diferenciar o sujeito e o outro, não com base no critério do prazer, mas sim tomando como parâmetro o que está dentro e o que está fora, independentemente de gerar prazer ou desprazer.

Levando em consideração o fato da ascensão primeira do "Eu do prazer", não é descabido supor que as representações matriciais do "Eu" e do "Outro" contenham conteúdos humorísticos ainda que em estado embrionário. Tal humor narcisista primário abarcaria conteúdos resultantes das experiências de satisfação cujas representações de cunho pictográfico, ainda incipientes, mesmo não conseguindo diferenciar o representante do representado, de qualquer maneira, já seriam capazes de propiciar os primeiros registros daquilo que, posteriormente, se consumará como humorístico.

O riso que irrompe no júbilo pela descoberta de si e do outro paulatinamente se estenderá para outros acontecimentos e relações do sujeito com o mundo. Associados a outros desejos e funções psicológicas, o riso e o humor vão incorporando conteúdos e assumindo sentidos diversos. Aos poucos, não é somente a presença do outro que passa a ser objeto do riso, mas tantas outras cenas e situações relacionadas a acontecimentos bem distintos. O esconde-esconde, por volta dos oito meses, reencenando o retorno do objeto perdido ou atitudes violentas contra animais, acompanhadas de sentimentos de alegria, no auge do sadismo infantil, são algumas das expressões polimórficas do humor ao longo do avanço do processo de desenvolvimento psicológico.

Uma das principais alianças do humor é feita com a sexualidade. Como se pode observar, boa parte dos conteúdos humorísticos está relacionada a temas sexuais. A maioria das piadas e das charges de revistas populares, por exemplo, veiculam conteúdos alusivos à sexualidade. Mas o exemplo maior pode ser encontrado na televisão. Uma altíssima porcentagem dos programas humorísticos da televisão usa a sexualidade como pano de fundo para a produção do riso. Outro fato curioso é que o humor sexual é tão disseminado que acaba colocando até os moralistas como os maiores admiradores desse gênero. Esse fato demonstra a importância da sexualidade na constituição da psique humana, e da fecundidade do humor também como recurso metodológico na psicologia.

Aliás, Freud, um astuto observador da realidade psíquica, não poderia ter deixado de fazer suas incursões na mente humana pela via do humor. Seu texto *Os chistes e suas relações com o inconsciente*, de 1905, é uma excelente demonstração do funcionamento psicológico e uma exposição bastante didática da teoria psicanalítica.

Segundo Freud (2002b), a função primordial do chiste é permitir a expressão e a realização de desejos reprimidos ou contidos pela censura. Assim, o riso deflagrado pelo humor, como no caso de uma piada, por exemplo, teria um efeito catártico, ou seja, liberaria desejos e idéias que jamais seriam liberados por outro recurso de expressão. O humor chistoso seria uma licença especial concedida pela censura – valores morais internalizados pelo sujeito – para a liberação de desejos inconscientes. Essa licença concedida pela própria moralidade do sujeito permitiria o afloramento e a realização de desejos censurados, culminando no gozo e comprazimento propiciados pelo chiste em qualquer uma de suas diferentes modalidades: uma piada, uma comédia, um *show*, uma música, e assim por diante.

A licença especial, no entanto, seria concedida pela imposição de uma condição muito precisa: a de que o conteúdo ou o desejo não fosse manifesto em seu estado original, mas sim de maneira camuflada, disfarçada. Daí o duplo sentido, a ambigüidade, a ironia e tantos outros expedientes utilizados pela linguagem do humor para despertar o riso.

O humor seria uma forma de linguagem sabiamente inventada e sancionada pela cultura para liberar desejos inconscientes. Por isso mesmo, possui certo caráter de transgressão e de subversão do instituído. Pela via do humor são expressas e ditas coisas que jamais seriam reveladas pela linguagem comum. A cultura popular conhece muito bem a função psíquica e social do humor. Segundo um velho ditado, é por meio das brincadeiras que se dizem as grandes verdades, aquelas que esbarram nas interdições vigentes na cultura como um todo, decorrentes do sistema de valores de uma sociedade.

É comum alguém tentar justificar uma ofensa ou alguma fala mais contundente como tendo sido uma simples brincadeira. A tentativa de dissimular uma intenção reprovável dirigida a outrem, apelando para o humor, é uma demonstração cabal da estratégia dissimuladora do chiste pela qual se despista da censura uma idéia ou um desejo sujeito à interdição, pessoal ou coletiva.

O humor possui, portanto, um papel importantíssimo na economia psíquica e nas relações sociais. Ele permite catarses individuais e coletivas, driblando a censura e criando expedientes para a expansão da linguagem, da comunicação e dos relacionamentos sociais. Sem o humor, boa parte das idéias, dos desejos e dos relacionamentos deixaria de aparecer no cotidiano do sujeito e na cultura, empobrecendo significativamente o universo humano e restringindo suas possibilidades de realização. Pela via do humor, como no caso das piadas, é possível abordar a sexualidade mesmo nos mais contidos e policiados lugares: na sala de visitas, nas conversas entre pais e filhos, nos locais de trabalho, entre recém-conhecidos, e assim por diante. Aliás, a piada é um recurso muito utilizado como "quebra-gelo" nos primeiros contatos ou entre desconhecidos. Ainda por essa via, expomos outros desejos, sentimentos e idéias que são objetos de especial controle ou incriminações, como a agressividade, o medo, o sadismo. Conseguimos vencer constrangimentos para abordar alguns assuntos políticos, religiosos e, ainda, ridicularizar personagens e situações com uma ousadia jamais conseguida por outras vias da linguagem. O humor negro e o humor voltado para conteúdos religiosos são a prova maior do grau a que pode chegar essa forma de linguagem no afrontamento de crenças arraigadas ou na exposição dos desejos mais cruéis e abomináveis escondidos nos porões da mente do sujeito ou da cultura.

Tendo como função psicossocial precípua à veiculação de conteúdos censuráveis, o humor traz intrinsecamente esse caráter de irreverência, insubordinação e transgressão. O humor político, na época da censura instaurada pela ditadura militar no Brasil, foi o exemplo maior desse seu caráter de irreverência e subversão, aliado a uma visada de crítica radical. Na sua essência, carrega consigo um espírito radicalmente crítico como uma forma de linguagem construída especialmente para a comunicação daquilo que se encontra vigiado e aprisionado no plano psicológico, social ou político. É um trabalho do pensamento e da linguagem contra o convencional e o instituído. É subversivo por excelência, criativo e avesso ao controle.

Para cumprir tamanha missão no funcionamento psicológico e no funcionamento da sociedade, o humor utiliza recursos de linguagem relativamente simples. Segundo Freud (2002b), o processo de condensação e deslocamento está na base do humorismo. A condensação opera uma junção de idéias e desejos numa mesma representação ou ato de comunicação. O deslocamento, por sua vez, elege um representante substitutivo que, no entanto, guarda algumas relações objetivas com o original. A junção de idéias e desejos permite que algumas passem sorrateiramente dissimuladas dentre outras que compõem o conjunto. Possibilita, ainda, a transmutação de sentido entre elas pela relação de semelhança provocada com a aproximação de campos semânticos distintos. Por exemplo, quando o conhecido colunista José Simão, da *Folha de S.Paulo*, usa a expressão "óbvio lulante", está reunindo e condensando duas idéias de campos semânticos e denotativos diferentes: ululante e lula. Ao provocar a relação de semelhança entre esses referentes, chama o presidente Lula de simplório e fugaz em suas falas metafóricas proferidas com ar de sabedoria e inteligência. Pelo deslocamento, uma idéia ou desejo reprovável passa pela censura disfarçado como uma de suas partes ou por outra representação com a qual guarda uma relação de equivalência, como acontece quando representamos uma pessoa por um objeto que usa ou por seu penteado. Enfim, estamos falando da metáfora e da metonímia, essas duas figuras de linguagem bastante conhecidas e imprescindíveis para a produção de sentido. As charges e caricaturas abusam dessas figuras realçando partes das personagens ou situações que estão retratando e produzindo as relações mais inesperadas entre os elementos que compõem o cenário retratado.

O humor ainda opera com o efeito surpresa e com a instantaneidade. Trata-se de um tipo de linguagem capaz de subverter tempo e espaço instituídos, produzindo encadeamentos de signos posicionados em tempos e lugares distanciados. O humor rompe ou subverte contextos, campos semânticos estabelecidos, fazendo, aliás, de tal ruptura uma poderosa arma de produção do riso.

Freud (2002c) identificou o pensamento e a linguagem pautados pelo imediatismo e pela intemporalidade como decorrentes de um tipo de funcionamento psicológico bastante primitivo chamado de processo primário. Trata-se de um modo de funcionamento mental no qual o desejo procura logo um objeto e uma ocasião para sua satisfação, não admitindo postergação ou adiamento; porém, para tanto, admitindo substituições de objeto de forma bastante flexível e plástica. É o modo típico do funcionamento psicológico do recém-nascido, pouco dado à espera ou a alguma negociação com o mundo para obter o que almeja e também apto a migrar com certa facilidade de um objeto a outro ou procurar novos objetos capazes de atender a seus desejos cada vez mais complexos.

A linguagem do humor está bem próxima do processo primário, tanto no aspecto da imediaticidade como no da flexibilidade e não-vinculação estreita entre os signos e as coisas, ou seja, entre representantes e representados. É uma linguagem volátil e lacunária, capaz de percorrer rapidamente várias idéias e desejos, juntar e separar com desenvoltura e, num só golpe, produzir um efeito de sentido surpreendente e catártico. O humor joga com a imprevisibilidade, com o inesperado, o incomum, pilhando o ouvinte onde ele menos espera; conseguindo, também por isso, driblar a censura com maestria.

A necessidade social e psíquica do humor é tão grande que encontramos, com facilidade, pessoas e certos círculos sociais fortemente impregnados por esse tipo de linguagem. Alguns são humoristas por excelência, não conseguindo ser, viver e se comunicar de outra forma. São os "palhaços" de plantão, divertindo, fazendo chacotas ou algum outro tipo de brincadeira a todo o momento e onde quer que estejam. São os "bobos da corte", dificilmente ausentes de qualquer grupo ou círculo social. Na própria sala de aula é difícil não existir um "engraçadinho" fazendo piadas e zombarias o tempo todo. Os grupos parecem necessitar de um humorista da mesma forma que a sociedade e a cultura parecem depender de alguma forma de humorismo.

Tanto encontramos sujeitos constituídos em torno do humor como reconhecemos na cultura grandes áreas ocupadas por essa linguagem e suas respectivas representações. Sujeito e linguagem se confundem. Os modos de subjetivação específicos associam-se a certos estilos ou formas de linguagem amplamente irradiadas na cultura.

Enfim, o humor abrange um vasto campo da linguagem e do funcionamento psicológico, possuindo um valor inestimável na comunicação, na cimentação das relações sociais e nas formas de subjetivação.

Humorismo, estilos discursivos e estruturas psicológicas

Toda fala remete-se a uma discursividade constituída na cultura e se realiza numa situação socialmente estabelecida; ou seja, a linguagem é produtora de interação ou de relações sociais e se inscreve nas relações de poder. Ela não é neutra, é política. Também não é neutra psicologicamente; ou seja, o conteúdo da fala e a forma de falar ou o estilo de linguagem assumido pelo sujeito estão profundamente enraizados em sua estrutura psíquica, sendo expressão e constituinte, ao mesmo tempo, da subjetividade.

Cada estilo discursivo denota um modo de subjetivação, podendo até mesmo ser tomado como indicador de dinamismos psicológicos cristalizadores de estereotipias de conduta. Por exemplo, a personalidade caracteristicamente fóbica, aquela dominada por temores e receios, utiliza o suspense como estilo discursivo, valendo-se fundamentalmente da estratégia de colocar o interlocutor na espera de uma revelação ou de um acontecimento repentino tão significativo e impregnado de afetos e emoções que provoca expectativa e arrepios. Já o depressivo possui uma predileção pelo lirismo, uma fala voltada para a intimidade, para o exame interior das vivências afetivas e emocionais. A subjetividade orientada pela histeria, por sua vez, desenvolverá uma tendência para o uso de uma linguagem dramática fincada na "teatralização", simulação e estetização de suas expressões.

O estilo cômico ou humorístico foi consagrado, ao longo dos tempos, pela comédia no teatro. Etimologicamente, a expressão vincula-se às festividades dedicadas a Baco e Dioniso, nas quais se conduziam enormes fálus com cantos e bebedeiras. Com o tempo, tornaram-se jocosas e desordeiras. Modernamente, esse estilo tematiza a vida real, cotidiana. Vale-se do inesperado e de rupturas com o usual e familiar. Ridiculariza, rompe lógicas estabelecidas, produz desordem. Diferentemente do lírico, o humorista assume uma atitude mais extrovertida. Dirige-se fundamentalmente ao Outro e, muitas vezes, utiliza a reação dele para produzir o humor. É um estilo profundamente conectado a sentimentos de euforia e alegria. É essencialmente gregário, possuindo enorme poder de reunir e vincular pessoas. O gregarismo do humor torna-se ainda mais poderoso pelo tipo de sentimento e afeto que utiliza na produção dos laços e vínculos grupais. O que é compartilhado na situação de grupo com a intermediação do humor é a alegria, a satisfação, o prazer de estar junto. Seu poder de produzir catarses, ou seja, de liberar no grupo afetos, sentimentos e idéias contidos e silenciados, propicia a profunda comunhão de prazeres proibidos, celebrando um pacto orgiástico.

A comicidade ou o humorismo associa-se a uma subjetividade com traços de perversão, subjetividade essa bastante peculiar e enraizada na estrutura psíquica que não deve ser tomada de antemão com um sentido pejorativo. Embora não goze de muito prestígio, a perversão deve ser encarada como uma estrutura psíquica constituinte da subjetividade que pode representar um problema apenas quando assume primazia absoluta no funcionamento psicológico, tornando o sujeito um perverso contumaz.

Ao descrever o desenvolvimento psicossexual, Freud (2002b) caracterizou a sexualidade infantil como tendo uma disposição polimórfica perversa. Isso significava a existência de objetos e objetivos parciais ainda não sintetizados e unificados em torno de propósitos capazes de ultrapassar visagens imediatistas e realizar incursões mais profundas e arranjos mais amplos com a realidade. O polimorfismo da sexualidade infantil aludia ao fato de a sexualidade, em seu nascedouro, não possuir objetos e objetivos preestabelecidos e imutáveis. Segundo Freud (2002d), a sexualidade humana é extremamente plástica quanto a objetos (aquilo que é capaz de produzir satisfação), objetivos (o tipo de relacionamento a ser estabelecido com o objeto em busca do prazer) e zonas erógenas (a parte do corpo excitável e capaz de gerar prazer no contato com o objeto). Portanto, na sua visão, é o curso do desenvolvimento, constituído pelas experiências, que vai elegendo objetos, objetivos e zonas erógenas, criando as manifestações mais diversas da sexualidade, como aquelas vinculadas à oralidade, à coprofilia (prazer no contato com as fezes), ao sadomasoquismo, ao voyeurismo e tantas outras formas de satisfação da sexualidade.

Como se sabe, tais manifestações perversas-polimorfas da sexualidade são imprescindíveis para o desenvolvimento psicológico. Portanto, em si mesmas, não são manifestações de doença; ao contrário, expressam o curso do desenvolvimento psicológico e são bem-vindas como caminho a ser trilhado rumo a uma meta final, que é a genitalização da sexualidade.

A genitalidade, basicamente, sintetiza ou agrega toda a profusão de objetos, objetivos e zonas erógenas irrompidos anteriormente, colocando-os a serviço de uma satisfação mais completa e pautada pelo reconhecimento do outro e pelos contratos estabelecidos com a cultura. A sexualidade genital propriamente dita, contrariamente ao que poderia ser entendido à primeira vista, não é uma visada também parcial restrita aos órgãos genitais, mas sim vale-se de mais essa zona erógena para concluir um contato integral com o outro, agora já reconhecido também como um sujeito portador de desejos. Mais do que isso ainda, a genitalidade não expressa tãosomente um acordo entre parceiros apartados do restante do mundo. Ela celebra tal acordo sob o manto de algo maior que rege todas as relações e convivência no coletivo. O algo maior que atravessa e ultrapassa a todos é a Lei, psicologicamente estabelecida como a presença de um terceiro elemento que intermedeia a relação entre o Eu e o Outro. O reconhecimento desse terceiro na estrutura psicológica, ou seja, a existência de um pressuposto de que não existe apenas o sujeito com seus desejos e seus objetos no mundo, mas sim outros que estão insertos indiretamente nessa relação e são afetados por ela, funda a base da constituição das leis, normas e preceitos que regem as relações sociais e compõem o lastro principal da cultura.

O funcionamento perverso não acede à genitalidade, continuando aprisionado às buscas parciais e ao não-reconhecimento do outro, como tal, e da Lei. Por isso mesmo, a conduta perversa é comumente reconhecida em suas expressões mais radicais nos gestos de desconsideração pelo outro, frieza no tratamento e desprezo por qualquer regra moral. O outro é manipulado e usado como simples objeto de saciação dos desejos mais cruéis e primitivos expressos em seu estado bruto, como ocorre nos casos dos estupradores e *serial killers*.

Embora em suas aparições mais radicais a perversão seja temida e execrada, ela acaba sendo útil e necessária tanto para o desenvolvimento psicológico como para a revitalização do sujeito e da cultura. Em doses homeopáticas, impulsiona atitudes de confronto, crítica, ruptura e subversão do instituído, fornecendo o substrato psicológico para iniciativas de contestação e mudança social. Nas suas aparições mais corriqueiras no cotidiano, pode ser identificada, por exemplo, nas trapaças de jogo, quando se quebram regras estabelecidas ou se usam de expedientes escusos para enganar o adversário, nas situações em que se procura produzir um efeito ruidoso e extravagante como forma de protesto ou confronto com uma barreira do mundo.

No ambiente escolar são muito comuns as condutas de fundo perverso, tanto da parte do professor como do aluno. Muitos docentes se comprazem com o sofrimento, o pânico e a submissão do aluno, valendo-se de expedientes sorrateiros para produzir tais efeitos. Não se detêm diante dos mais elementares preceitos de tratamento do outro para alcançarem o gozo perverso. Deleitam-se com o terror que desencadeiam na sala de aula, com exigências absurdas, ameaças de punição e transgressões autoritárias de acordos estabelecidos, causando sérios prejuízos aos alunos. Agem mais ou menos como aqueles personagens de filmes de terror que não desgrudam um instante de suas vítimas, perseguindo-as incessantemente e se deliciando com o pânico e sofrimento extremo que suscitam nelas. Tal como nos filmes, o gozo perverso não está no golpe final que o algoz pode desferir contra a vítima de seu insidioso ataque, mas no estado de sofrimento e atemorização da vítima que a domina enquanto perdura a trama macabra. O grande objetivo do perverso não é exterminar de vez a vítima, e sim fazê-la sofrer ou tê-la completamente subjugada.

Não é raro encontrar professores com esse tipo de conduta com seus alunos de forma mais ou menos acentuada. Seu prazer em torturar é tão evidente que na maioria das vezes não consuma no final a reprovação do aluno. É capaz até mesmo de aprová-lo com uma boa nota e um largo sorriso sádico, último gesto sarcástico de demonstração de seu poder absoluto.

Outra conduta perversa típica é aquela que visa controlar o desejo do outro. O perverso é um exímio manipulador capaz de produzir o assentimento do outro aos seus propósitos de dominação. Consegue gerar no outro a "servidão voluntária", colocando-o sob seu comando absoluto. Uma conduta típica dessa ânsia manipuladora é aquela na qual o mestre faz do discípulo seu servo obediente e prestativo.

Da parte dos alunos a perversão não é menos corrente. Alguns chegam a se especializar em condutas desse gênero, transformando-se em arautos, líderes ou modelos de toda a sala. Capitaneiam os protestos e insatisfações por meio de gestos retumbantes, na maioria das vezes sem eficácia prática para a causa defendida, mas de enorme valor para a realização do gozo em promover ações ruidosas e extravagantes que os colocam como os "salvadores da pátria". É típico ainda da perversão o hábito de fazer pilhéria e brincadeiras de mau gosto para ridicularizar o outro, como freqüentemente acontece na sala de aula. Trapaças e tramóias visando enganar o outro, desmerecê-lo, expô-lo a constrangimentos ou humilhações também são traços indeléveis da conduta do perverso, e a sala de aula é um laboratório privilegiado para produção e afloramento desse tipo humano.

O estilo épico mobiliza exatamente o fundo de perversidade do sujeito ao centrar-se na epopéia de um herói redentor da humanidade, um guerreiro destemido, e ao eleger uma causa nobre e exigir combatividade, sagacidade, esperteza e disposição para provocar rupturas.

Embora com características bem distintas, o humorismo também finca suas raízes na perversão. Apóia-se nas disposições perversas para a subversão, a manipulação e a desmontagem dos sentidos cristalizados e instituídos. Embora apoiado nas disposições perversas, o humorismo não adere totalmente à perversão por tomar o outro em consideração e não ignorá-lo ou anulá-lo como faz o perverso. As transgressões de um e de outro são qualitativamente diferentes, como muito bem pontua Kupermann (2003, p. 159). O perverso age por si, solitariamente, investe-se do comando absoluto da lei, enquanto o humorista precisa do outro, de sua legitimação; afinal, ninguém ri sozinho. Mas, de qualquer maneira, é preciso ponderar que, à semelhança do perverso, o humorista procura manipular o desejo do outro, seduzi-lo e controlar seu gozo. Na verdade, existem várias possibilidades de vivência das perversões, assim como de contato com o riso, com o cômico, com os chistes e o humorismo.

Ao nos referirmos ao humor como um estilo de linguagem, abarcamos uma série de manifestações bem distintas que, em última instância, se valem do recurso ao hilário, ao riso e à alegria. É preciso, no entanto, distinguir os diferentes caminhos que o humor percorre no funcionamento psicológico e os propósitos a que visa na comunicação. O efeito pode ser o mesmo – o riso –, mas o sentido pode ser bem diferente. Há o humor que se coloca a serviço da liberação de uma idéia ou desejo aprisionado pela censura; há o humor que procura gerar uma situação de descontração entre os interlocutores; há o humor que visa desqualificar e ridicularizar o interlocutor ou o referente do diálogo; há aquele que mobiliza ansiedades, temores e agressividade – o humor negro; existe aquele outro que visa solapar um discurso e uma situação tidos como "sérios" (solenes) – a conhecida "gozação"; aquele que se faz por meio do cômico propriamente dito, pondo em evidência representações supérfluas – a conhecida foto de Einstein descabelado e com a língua de fora e tantos outros exemplos cujos sentidos básicos dependem de um exame do contexto.

Não se trata de execrar o humorismo perverso pelas suas visagens e propósitos não muito politicamente corretos. Afinal, é sempre necessário ter presente que uma pitada de perversão é salutar na comunicação, na ação, no pensamento, na interação, nas relações sociais, ou até mesmo, como se sabe, na própria sexualidade.

Em suas conexões com a perversão ou mesmo com as realizações catárticas (ab-reações), passa a ser problemático, como de resto qualquer outro estilo, quando se fixa compulsivamente no sujeito como um estilo rígido e defensivo. Mesmo assim, existem casos em que o sujeito consegue extrair vantagens de sua compulsividade cômica, como acontece com os grandes humoristas.

Tomando a expressividade do sujeito especificamente na situação escolar, é possível vislumbrar o alcance do humorismo e da comicidade em qualquer de suas conexões psicológicas.

Em primeiro lugar, é necessário ter presente que a linguagem não é tão-somente um instrumento de representação a serviço da comunicação, mas ela, ao representar, ou seja, ao colocar uma coisa no lugar de outra (uma palavra no lugar de um objeto), cria outra realidade – a realidade simbólica – e, além disso, instaura uma situação de interação definindo lugares psicossociais para os interlocutores. Portanto, a linguagem não apenas *expressa* a realidade psicossocial (o lugar e os papéis dos interlocutores na sociedade e o modo de funcionamento psicológico), mas também é parte constitutiva das relações sociais e da subjetividade.

Dessa forma, é mister ter sempre em consideração que o discurso ou os estilos de linguagem não engendram apenas uma fala figurativa da economia psíquica e do lugar social do sujeito, isto é, não expressam apenas a gênese e a dinâmica do seu funcionamento psicológico e da sua inserção social, senão também que se prestam a realizar, na interlocução, os propósitos dessa economia psíquica e política.

No espaço micropolítico da sala de aula, o humorismo ressoa profundamente nas subjetividades e nas relações aí estabelecidas. Pela via do humor se abre a possibilidade de expressões de idéias e afetos contidos e policiados, sob o patrocínio de uma atmosfera mais licenciosa, tolerante, flexível e permeada pela alegria e desenvoltura. A subversão da linguagem convencional, típica do humor, também subverte as relações formalmente instituídas, abrindo espaço para novos arranjos de papéis e modificações nas relações de poder. A descontração propiciada pelo riso permite a superação de inibições e maior arrojo do sujeito na expressão de seus pensamentos e sentimentos e na sua exposição no grupo.

Ao converter os conteúdos manifestos e as situações de interação solenes, sérios e ansiosígenos em tragicômicos, o humor diminui o peso da angústia no enfrentamento de conflitos e dificuldades para encarar e tratar certos emergentes emocionais e cognitivos. O humor suaviza o enfrentamento de situações e assuntos problemáticos, constrangedores e angustiantes dissimulando e travestindo o sentido daquilo que está sendo expresso na linguagem e na interação. Apresentando um assunto nevrálgico como uma "mera brincadeira", ele pode ser exposto e tratado sem barreiras e constrangimentos. Mesmo situações e acontecimentos vividos de maneira trágica no passado podem ser evocados pelo humor de forma divertida ou até com um ar de deboche, alterando completamente o sentido básico da experiência e o afeto ligado a ela: a dor, o sofrimento ou a raiva sentidos anteriormente podem dar lugar ao riso, à alegria e a uma sensação de leveza e bem-estar.

Aliás, uma boa estratégia de ruptura com enrijecimentos da forma de se expressar é produzir o mesmo texto ou a mesma fala em estilos diferentes, e o humor pode ser uma alternativa sempre interessante em relação a outros estilos pelo seu tom criativo na linguagem. Mesmo os signos plásticos como gestos, desenhos, mímicas, caricaturas e encenações ganham muito mais elasticidade e criatividade quando são utilizados pelo humorismo. Transformar um texto, uma fala, imagens ou ícones de sentido trágico, lírico ou dramático em uma expressão bem-humorada ou cômica é sempre um exercício radical de mobilidade e expansão das formas de expressão e comunicação.

O exercício do humor é fundamental tanto em situações mais estruturadas e deliberadas (produção de um texto, de uma fala, de um desenho ou de uma fotografia) como nas conversas e demais situações de produção de linguagem e interação do dia-a-dia ou de sala de aula. O caráter de irreverência do humor torna-se mais acentuado quando a comicidade aparece espontaneamente, sem uma preparação ou previsibilidade. O efeito mais radical do humor ocorre quando ele pega o interlocutor de surpresa. Por isso mesmo, o humorista do cotidiano sempre produz suas piadinhas e pilhérias de improviso, aproveitando ocorrências do momento. Muitas vezes, uma simples fala, uma palavra atravessada numa conversa ou um gesto são suficientes para provocar o riso.

Na sala de aula são inúmeras as situações desse tipo de humor relâmpago produzido tanto pelo professor quanto pelos alunos ou, mais comumente ainda, pelo aluno especializado nesse gênero que não deixa passar nenhuma oportunidade de fazer uma intervenção cômica. É também visível que em muitos casos a intervenção cômica tem o sentido de provocar o professor, fazer pilhéria com o assunto tratado na aula, badernar a situação, e tantos outros propósitos vinculados a graus mais extremos de perversão.

Acontece também de um aluno assumir o papel de "bobo da corte" e tentar reiteradamente fazer graça a toda hora na sala de aula. Nesse caso, pode até ser que alguns se divirtam, mas, com certeza, o uso exaustivo da estratégia desgastará seus elementos mais fortes – a surpresa e a espontaneidade –, perdendo sua força cômica e gerando irritabilidade em muitos. Para um aluno que se fixe nesse ou em qualquer outro estilo, como forma de se defender de angústias que outros estilos de linguagem poderiam trazer, o humorismo acaba tendo um efeito maléfico a menos que, eventualmente, essa sua habilidade seja elevada a um grau de criatividade e valor estético tal que consiga transformá-lo num humorista profissional de sucesso.

É difícil distinguir o sentido dos diferentes casos de uso preferencial pelo humor na linguagem e nas relações sociais. Muitas vezes a pessoa se apresenta assim em qualquer roda de conversa buscando agradar ou ser simpática e, premida por essa demanda, acaba exagerando na dose, tornando-se antipática. Via de regra, na sala de aula aquele aluno que assume o papel de "bobo da corte" o faz para agradar os colegas, conseguir um "lugar ao sol" no grupo – um destaque –, ou ser reconhecido como o herói que rompe regras, subverte a situação e, eventualmente, ataca o professor ou a matéria com suas piadinhas, buscando expressar sentimentos de todos e assim converter-se numa figura admirada. São notáveis os casos em que o uso exagerado do humor se presta à banalização de algo originariamente contundente e problemático, como forma de evitação de angústias e sofrimentos. Aliás, esse é um aspecto muito importante que se deve ter bem presente quando se trabalha com o humor: evitar que se descambe para banalização, perdendo seu veio crítico e de aprofundamento das questões que aborda.

Se não devemos matar um grande humorista no ninho, não podemos também deixar instituir-se um pequeno engraçadinho que age defensivamente e acabará perdendo sua graça, podendo transformar-se numa figura patética e em objeto de chacotas.

A abertura do discurso pedagógico e da relação professor-aluno para o humorismo faculta a todos a experiência com esse tipo de expressão e com os papéis sociais dele decorrentes, expandindo e coletivizando o exercício da linguagem e, com isso, dissuadindo apropriações individualistas e cristalizadoras de papéis e modos de subjetivação.

Humorismo e pós-modernidade

O humorismo é um gênero bastante vinculado às camadas populares, ao povo. Já na Antigüidade, os gêneros literários se distribuíam diferentemente pelas classes sociais, ficando para a elite os gêneros considerados mais nobres, como a tragédia e a epopéia, e para os plebeus aqueles considerados de segunda classe, como a comédia, tida como uma simples zombaria indecorosa ou como uma expressividade rasteira desprovida de maiores preocupações estéticas. Ainda na Idade Média, a comédia e o humor continuam aprisionados à cultura popular, presente em festejos, no cotidiano e em apresentações públicas, porém expulsos da cultura da nobreza zelosa na ostentação de seriedade, sobriedade e contenção. A religiosidade que impregnava a Idade Média, tendo como padrão de expressão os cultos e outros rituais extremamente "carrancudos", também contribuiu para manter a comicidade fora da estética oficial. Com o advento da modernidade, o humorismo vai invadindo a literatura e a cultura de maneira geral, passando a ser assimilado como um gênero e apreciado esteticamente.

A cultura pós-moderna, produzindo misturas e rompendo barreiras estéticas, eleva, de vez, a comicidade a um valorizado estatuto de expressão e a expande para várias esferas da cultura: publicidade, teatro, televisão, rádio, música, jornal etc. Até mesmo os cultos religiosos, sempre refratários ao cômico, começam hoje a incorporá-lo. Padres e pastores fazem pequenas piadas durante os cultos e provocam o riso dos fiéis sem sentir nesses atos nenhuma ingerência demoníaca ou algum desrespeito a Deus. Até Deus parece estar mais contente e alegre a tomar pelos cultos e reuniões religiosas que utilizam exaustivamente música, coreografias, procurando fazer do culto uma festa maníaca.

A permuta da renúncia e do sofrimento – típicos da modernidade – pelo excesso de prazer e sensações – típicos da pós-modernidade – coloca o humorismo como uma das principais formas de relação com o mundo. A derrocada do tom de seriedade que marcava a sociedade de projeto, de ideologias, do coletivo, de compromisso social, também típica da modernidade, abre espaço para o cinismo. As atitudes narcisistas de indiferença para com o outro e para com o coletivo ligam-se facilmente ao humorismo frívolo, ao humor fútil e gratuito, ao humor de massa, banalizado, despretensioso, típico de uma era que procura apresentar a sociedade e o homem como isentos de conflitos, num mundo livre, democrático e sem fronteiras.

Birman (*apud*, Kupermann, 2003, p. 17), citando Lipovetsky, afirma: "A descrença pós-moderna, o neoniilismo que ganha corpo, não é nem ateu nem mortífero, mas doravante humorístico". Com as próprias palavras o autor conclui: "Nesse sentido, o humor pós-moderno é cínico". Um cinismo que abomina qualquer projeto coletivo e social, que produz o apagamento do outro, dos conflitos, aniquila o sujeito virulento e, em seu lugar, cria um mundo higienizado, superficial, disseminando atitudes politicamente corretas e a valorização de tudo que seja *light*, incluindo as condutas.

Diante da ameaça do enfraquecimento do humor pela cultura pós-moderna extremamente neutralizadora e dissipadora da crítica radical e das forças de transformação social, urge resgatá-lo em suas matrizes históricas radicais: uma linguagem demolidora, ácida, subversiva, libertadora, contestadora e, sobretudo, crítica. Não se pode deixar que a pasteurização pós-moderna retire do humor sua virulência, sua potência orgástica indomável capaz de confrontar-se com barreiras sociais e psicológicas que procuram amordaçar, silenciar e cooptar vozes dissonantes.

É preciso, sobretudo, zelar pelo tipo de sociabilidade que foi berço do humor e pelo solo no qual se frutificou: uma sociabilidade "popular", marginal, bastarda, constituída fora da oficialidade, do controle e do envernizamento das relações sociais. Não se trata de "fabricar" piadas, trocadilhos, chistes, ou de produzir deliberadamente efeitos cômicos, mas sim de criar as condições para que eles apareçam. Tais condições, repetimos, dizem respeito, fundamentalmente, ao resgate de uma linguagem lúdica, significando a existência de uma situação de interação ou interlocução em que a palavra circule livremente, em que haja ampla liberdade para o dizer e seja acolhida uma polissemia completamente aberta; isto é, que faça circular uma profusão de sentidos possíveis sem a preocupação com o controle da significação, como ocorre no *non sense* que irrompe em conversas livres e descontraídas.

Difícil é saber até que ponto o ambiente escolar permite a criação de uma situação desse tipo. Que a apropriação do humorismo pela educação não seja mais um expediente utilizado pela cultura pós-moderna para domesticá-lo, colocá-lo a serviço da resignação, da frivolidade ou do divertimento gratuito e entorpecedor, produtor não daquele riso escancarado, descontrolado, emancipador tanto político, afetivo como intelectualmente, mas de um riso "amarelado", covarde, resignado, banal e cínico, aderido à postura depressiva do nosso tempo e bem distante do ativismo maníaco ou perverso-revolucionário de outrora.

Humor, pós-modernidade e educação

O humor é um poderoso instrumento de produção de linguagem e socialidade. Ele se apresenta, sobretudo, nos espaços dos relacionamentos informais, naqueles momentos de descontração e distanciamento das relações modeladas e reguladas pela racionalidade social e institucional. Circula na periferia da oficialidade dos núcleos de relacionamentos sociais. Por isso mesmo aparece mais freqüentemente nas salas de café, nos corredores, no fundo da sala de aula, nas mesas de bar e assim por diante.

Maffesoli (1998) utiliza a palavra "socialidade" para designar exatamente essas relações que ultrapassam as práticas sociais institucionalizadas e se desprendem das normatizações, dos relacionamentos submetidos à racionalidade que instrui e comanda os fazeres cotidianos. Assim, na escola, por exemplo, há uma razão que determina o fazer do professor e do aluno, estabelecendo minuciosamente as tarefas, as responsabilidades, os papéis e as condutas de cada um. Porém, a razão institucional não comanda totalmente os sujeitos em suas ações, pensamentos e desejos. Uma parte dos relacionamentos foge ao controle e aos objetivos racionais da instituição, deflagrando a socialidade e a irracionalidade. Mesmo nos espaços mais centrais da instituição podem irromper momentos de socialidade desprendidos dos objetivos, das normas e valores instituídos. Na própria sala de aula ocorrem momentos de grande descontração e de discursividade lúdica, em que se brinca e se joga com as palavras e com a significação, caracterizando a irrupção da socialidade no núcleo mais duro da instituição.

Não é por acaso que o humor aparece com mais freqüência nos espaços da socialidade, ou que quando ele irrompe nas relações sociais convencionais impõe um corte, normalmente colocando à deriva a interação padronizada pelo instituído.

Por ter como espaço privilegiado o da *socialidade*, flui com mais facilidade em relacionamentos pouco estruturados, ou então desestrutura padrões constituídos. Em seus efeitos catárticos e com seu modo anárquico de operar, libera essencialmente afetos e desejos aprisionados; portanto, trabalha mais no plano da irracionalidade do que da racionalidade, no mínimo permanecendo na superfície da razão. Por isso mesmo, pessoas com modos de pensar e valores muito diferentes são capazes de se associar harmoniosamente em rodas de piadas, por exemplo. Na sala de aula é visível o espírito de comunhão total no riso largo, geral e coletivo, diante de uma piada ou gracejo irreverente. O que está sendo compartilhado aí é, especialmente, um sentimento coletivo, como o de alegria. É sempre bom lembrar que os elementos mais básicos e comuns entre os homens, que os fazem se sentir e se reconhecer como parte de uma espécie, emergem dos desejos e dos sentimentos. Evidentemente que idéias e ideologias também produzem um profundo sentido de agregação, mas são os sentimentos mais elementares como tristeza, alegria, amor, ódio, medo e tantos outros que ligam com maior força e amplitude os seres humanos. Não é à toa que, diferentemente de idéias, tais sentimentos são universais, apesar de suas especificidades em cada cultura. Alegria e tristeza, riso e choro são alguns dos universais humanos que igualam os recém-nascidos em todo o mundo.

A apropriação do humorismo pela pedagogia é inevitável dentro do quadro atual de flexibilização, expansão da linguagem e mobilidade dos lugares psicossociais e da subjetividade. O humor pode contribuir, sobretudo, para retirar dos afazeres de ensino-aprendizagem aquela atmosfera carregada de sisudez, pesar e sofrimento. O tom de alegria e descontração do humor pode tornar mais prazerosa e divertida a convivência com os pares na sala de aula e com tarefas relacionadas ao conhecimento.

Evidentemente, uma pressuposta pedagogia do humor não pode ter como aspirações principais a disciplina, a obediência e a sujeição. Porém, isso não significa que humor seja sinônimo de caos e baderna. Aliás, ao permitir a expressão *simbólica* de desejos e idéias aprisionados ou mesmo de índole perversa, evita descargas fortuitas e diretas na ação, essas sim pelo seu imediatismo e sem intermediação das funções psicológicas superiores, capazes de produzir conseqüências nefastas. Não propriamente caos, baderna e libertinagem, mas a convivência com o humor implica a disposição para lidar e tolerar a irreverência, a imprevisibilidade, a polissemia e as atitudes de subversão criativa da linguagem e das relações sociais.

É justamente esse sujeito plástico, criativo, mutante, capaz de afrontar convencionalismos, transgredir e transpor limites que está sendo gestado na atualidade. A sociedade hoje não demanda mais aquele sujeito reto, coerente, sério, compenetrado, profundo e intransigente, mas sim esse sujeito móvel, plástico, flexível, mutante, "livre, leve e solto", construído à maneira do discurso cômico.

É necessário, entretanto, não se confundir o ludismo, a leveza e a descontração com o niilismo, a falta de compromisso e de crítica. É necessário estar atento para que o humor não se coloque a serviço da banalização – um fenômeno muito denunciado na contemporaneidade, capaz de vilipendiar os problemas mais cruéis da humanidade como a violência, a fome e a miséria. Afinal, a cultura pós-moderna é invadida por um senso de superficialidade, como destaca Harvey (1998), ou por sentimentos de descrença, desencantamento e cinismo, conforme destaca Birman (*apud*, Kupermann, 2003, p. 15), capazes de cooptar o humorismo e neutralizá-lo naquilo que ele tem de mais precioso: seu caráter de irreverência e crítica radical, essencialmente revolucionário.

Nas suas raízes históricas e na sua constituição psicológica e social, o humorismo não é um gênero frívolo, por si, como a alegria não é um sentimento banal. São extremamente importantes e poderosos como recursos de transformação da subjetividade e do mundo; porém, podem ser neutralizados pela onda de excesso e banalização que grassa a contemporaneidade.

Referências bibliográficas

FREUD, S. *Formulações sobre os dois princípios do funcionamento mental*. Edição eletrônica das Obras completas de Sigmund Freud. Rio de Janeiro: Imago, 2002a. v. XII.

———. *Os chistes e suas relações com o inconsciente*. Edição eletrônica das Obras completas de Sigmund Freud. Rio de Janeiro: Imago, 2002b. v. VIII.

———. *Os processos primário e secundário*. In: ___. *Interpretação dos sonhos* (parte II). Edição eletrônica das Obras completas de Sigmund Freud. Rio de Janeiro: Imago, 2002c. v. V, cap. VII.

———. *Três ensaios sobre a teoria da sexualidade*. Edição eletrônica das Obras completas de Sigmund Freud. Rio de Janeiro: Imago, 2002d. v. VII.

HARVEY, D. *Condição pós-moderna*. São Paulo: Loyola, 1998.

KLEIN, M. Algumas conclusões teóricas sobre a vida emocional do bebê. In: ___. *Os progressos da psicanálise*. Rio de Janeiro: Jorge Zahar, 1979, p. 216-55.

KUPERMANN. D. *Ousar rir: humor, criação e psicanálise*. Rio de Janeiro: Civilização Brasileira, 2003.

MAFFESOLI, M. *O tempo das tribos*. Rio de Janeiro: Forense Universitária, 1998.

Uma pedagogia lúdica

João Batista Freire

Há muito tempo, instituiu-se que a escola seria fechada, silenciosa, dividida, assim como é hoje, em disciplinas. Os professores seriam casmurros, as paredes descoloridas, e haveria muitas paredes. Os alunos ficariam trancados nessas salas e confinados em reduzidos espaços de meio metro quadrado para cada um deles, sentados durante horas e horas à frente de uma pequena mesa. Os contatos com outros alunos seriam mínimos, só se poderia falar com autorização dos professores, o riso e o choro teriam de ser praticados fora da sala, quando houvesse oportunidade. O jogo, o grande inimigo da disciplina, deveria ser banido das instituições escolares. Quando muito, domesticado, aturado na hora do recreio, se ele houvesse.

Quando essa história começou, os tempos eram outros, e aquilo que é feio e chato para nós hoje não o era naquele tempo. Tudo se fazia para Deus, portanto afastado do meio dos homens. Justificava-se a reclusão. Na Idade Média, quando a nossa escola teve início, era assim que se ensinava. E os alunos, efetivamente, aprendiam. Aprendiam lendo os textos que os monges recuperavam dos antigos gregos, especialmente de Aristóteles. Com base nessas leituras foi estruturado o nosso sistema de ensino, conforme nos conta Rui Afonso da Costa Nunes (1979, p. 52; e www.microbookstudio.com):

A primeira forma fundamental do ensino, o processo básico, era a *lectio*, a leitura dos textos que proporcionava a aquisição do conhecimento e constituía o marco inicial da formação da cultura. Por isso, o mestre era um *lector* ou *legens*, e daí o termo português "lente", o que lê. Todas as disciplinas dos cursos universitários, as sete artes liberais, o direito civil e o eclesiástico, a filosofia e a teologia assim como a medicina, eram ensinados com base nos textos.

Em outra passagem, comentando a disciplina à qual os alunos eram submetidos, Rui Afonso comenta:

> Diz a Regra beneditina, no capítulo 70: "A diligência da disciplina e guarda das crianças até quinze anos de idade cabia a todos, mas, também isso, com toda medida e inteligência". No capítulo 30, São Bento enuncia dois princípios pedagógicos. Primeiro, "cada idade e cada inteligência deve ser tratada segundo medidas próprias" e, segundo, quando meninos e adolescentes cometerem alguma falta, "serão punidos com muitos jejuns ou refreados com ásperas varas, *acris verberibus*". O capítulo 37 da Regra aconselha o espírito de compreensão, a misericórdia paria com os velhos e as crianças no que tange à alimentação. O capítulo 45 prescreve pancadas – açoites com varas por certo – *infantes autem pro tali culpa vapulent*. (Ibidem, p. 141)

A escolha de Joseph Ratzinger como sucessor do papa João Paulo II trouxe à lembrança dos povos cristãos a figura de São Bento, inspirador da linhagem dos papas Bento, na qual Ratzinger é o décimo sexto. O primeiro deles, Bento de Núrsia, fundador da ordem dos beneditinos, educava também os filhos dos habitantes da região de Roma, além dos monges de seu monastério. Essa prática criou a tradição educacional que se espalhou por toda a Europa. Dessa tradição herdamos uma cultura iluminadora, mas isso não significa que os métodos daquele tempo ainda devam ser praticados na atualidade.

Instituiu-se uma tradição que perdura. Tradição de homens que viviam enclausurados em monastérios, lendo e escrevendo nas austeras bibliotecas da Igreja Católica. Os monges, na Idade Média, inventaram esse jeito de estudar, de fazer escola, de organizar as coisas do conhecimento humano. Inventaram uma escola ao modo deles, e muito resistente. Depois, ao longo do tempo, estruturamos um modo de viver que, sem escola, não pode ser bem vivido, a não ser em casos excepcionais. Fora esses casos, todos precisamos passar pela escola, ter diplomas, aprender os conhecimentos básicos.

Poderia, no entanto, ser diferente: tudo poderia ser mais alegre, mais bonito, mais bem-humorado. Talvez possamos inventar outra escola. Quem sabe é possível desinventar a tradição da escola antiga.

"Ingrato!", diriam aqueles que, reconhecidos à tradição que nos fez mais humanos, se escandalizam com essa idéia. Não sou ingrato, mas grato a termos escola, aos monges que traduziram Aristóteles, a Santo Agostinho, a São Tomás de Aquino, à Escolástica, à Idade Média. Mas a Idade Média passou. As fogueiras da Santa Inquisição, exceto por um ou outro vestígio em Roma, apagaram-se, fez-se a Revolução Francesa, Dom João VI chegou com seu *staff* e inaugurou o Brasil e aqui estamos, na aurora do século XXI, ainda presos às mesas e carteiras, como se estivéssemos nos monastérios, esses sim, lugares de silêncio, recolhimento e solidão.

Ainda há pouco, século XX, descobrimos o corpo (Freire, 1991). Sempre fomos etéreos, habitantes provisórios e fluidos de um receptáculo de carne e ossos grotesco e perecível. Preparamo-nos para o que vem depois, para a outra vida, a que de fato nos interessa, eterna, imutável, e não esta, tão efêmera. Nossa educação, previdente no que se refere à vida eterna, sempre nos preparou para o que vem depois; presente não há. Pré-escola, pré-vestibular, pré isso, pré aquilo. Nunca desfrutamos do aqui e agora, como se não houvesse corpo, como se não fôssemos de carne. Vejam o comentário de Le Breton (2003, p. 123):

> O corpo é visto por alguns entusiastas das novas tecnologias como um vestígio indigno fadado a desaparecer em breve. Ele se transforma em membro excedente, em obstáculo à emergência de uma humanidade (que alguns já chamam de pós-humanidade) finalmente liberta de todas as suas peias, das quais a mais duradoura é o fardo do corpo. Esses novos gnósticos dissociam o sujeito de sua carne perecível e querem imaterializá-lo em benefício do espírito, único componente digno de interesse. Anacrônico, o corpo deve desaparecer logo, a fim de permitir o acesso a uma humanidade gloriosa, livre, enfim, dessa "carne" que o enraíza no mundo.

Nossa civilização tem enormes dificuldades para assumir o corpo que somos. Os que não possuem fé em Deus e numa forma espiritual de vida depositam suas fichas na fé virtual, no etéreo mundo do ciberespaço. De qualquer maneira, com ou sem religião, procuramos escapar à finitude carnal.

Na escola tradicional não se pode ser feliz. Nela, a felicidade está por vir, não está aqui. Não faz sentido organizar aulas pretendendo que os alunos sejam felizes, pois elas são apenas preparação para a felicidade que está no futuro, num futuro muito além da vida de qualquer um de nós: ou depois da morte ou no plano virtual.

Quando nascemos, no entanto, já fomos premiados; somos um dos vivos. Não é necessário fazer projetos de vida. Viver é realização e não projeto. Não precisamos consumir o tempo dos nossos alunos fazendo projetos para que eles venham a viver um dia, pois já estão todos vivendo. A escola deveria ser uma das instâncias de vida, um lugar, não para preparar para a vida, mas para ensinar a viver vivendo.

Aprender a viver

Quando algum professor, de matemática, por exemplo, dá uma aula, seu objetivo maior não é exatamente ensinar essa matéria, mas ensinar a viver, mesmo que ele não saiba disso. Esse é o objetivo maior de qualquer disciplina, de qualquer escola. Supõe-se que, sabendo bem matemática, uma pessoa poderá viver melhor, e isso efetivamente ocorre. Ocorreu comigo e com boa parte de quem teve a oportunidade de aprender os conteúdos escolares. Tal como o português, a química, a geografia ou a história, o que aprendemos na escola é para podermos viver melhor, pois a gente precisa aprender a viver e esses são instrumentos de vida. Assim deveriam ser encaradas as aprendizagens escolares, aliás, como qualquer outra aprendizagem. Tem sido difícil convencer as pessoas de que não basta nascer, é preciso aprender a viver.

Tomo como exemplo minha disciplina, a educação física. Supõe-se que os professores dessa disciplina ensinam a viver, como todos os outros professores. Os instrumentos colocados à disposição dos alunos, nesse caso, são as expressões corporais. Acredito que, neste mundo, só podemos viver se formos corpo, encarnados. Portanto, a educação física ensina a viver corporalmente, o que não é pouco (Freire e Scaglia, 2003). Mas nem sempre os professores de educação física sabem disso. Matemática, português, química ou educação física são instrumentos; o objetivo é ensinar a viver.

A esse respeito, ensinou-me mais minha gatinha que qualquer outro professor. Observando-a, percebia que ela apenas vivia: vivia quando se quedava preguiçosa, os olhinhos fechados, não sei se dormindo, se acordada, se sonhando ou pensando. Vivia quando olhava, simplesmente olhava, não sei se para mim, se através de mim, se para o mundo, se para o infinito. Vivia quando perseguia um grilo, adiando o golpe final que causaria a morte do inseto, dedicando-se detalhadamente à diversão da tortura, sem remorsos, sem culpa. Foi-se como chegou, na boca de um cachorro, seu inimigo natural, que ela sempre enfrentou sem medo. Não deixou saldo, sobras de vida. Aprendi com ela que viver é apenas viver. Que é esse o maior de todos os compromissos, anterior a qualquer ética.

Não importa aprender

Numa sociedade de resultados, aprender vale menos que ser aprovado. Os vestibulares tornaram-se a referência nacional de ensino, um manancial inesgotável de mediocrização de sucessivas gerações de jovens.

Tenho a impressão de que há, no ar, uma conclusão não explícita: do jeito que a escola é, a idéia não é a de ensinar os conteúdos que estão definidos nos programas escolares, mas de estabelecer um filtro de mérito que faça chegar ao fim da linha pessoas habilitadas para ingressar em determinado ponto de alguma engrenagem. De tal maneira as peças, em cada corporação, estão organizadas que não se requer grandes habilidades para inserir as pessoas em qualquer ponto delas. A não ser, evidentemente, determinados cargos que exigem certas decisões. Por exemplo, para dar conta dos conteúdos das universidades, não passa pela cabeça de ninguém que os jovens deveriam ser bem formados no ensino básico, mas sim que precisam passar nos exames vestibulares.

Desde que a escola foi inventada, passaram-se séculos. Muitas coisas mudaram na sociedade, para melhor ou para pior; as próprias pessoas mudaram muito, mas a escola praticamente não mudou.

Antigamente, quando a orientação escolar era escolástica, as crianças podiam ser castigadas fisicamente caso não cumprissem seus deveres e, em alguns casos, duramente castigadas. Hoje, nem pensar. Castigar crianças, em casa ou nas escolas, é crime, de modo que elas podem se manifestar corporalmente muito mais que nos tempos da Idade Média. Mas a escola continua sendo para a Idade Média. Portanto, é difícil acreditar que as tentativas de ensinar podem ter êxito num caso desses. E os professores sofrem, porque são trancados dentro das salas com as crianças e não conseguem ensinar, pois já não podem praticar métodos medievais de ensino.

Sem castigos a escola não funciona. Essa não foi uma escola para funcionar com liberdade; será preciso inventar uma escola com liberdade para que métodos democráticos funcionem.

E, se as crianças não aprendem, quem sabe não são elas as culpadas pelo próprio fracasso? Nos últimos anos, uma verdadeira epidemia de falta de atenção e hiperatividade grassa nos ambientes escolares. O nome que se dá a isso é, geralmente, Transtorno do Déficit de Atenção, com ou sem Hiperatividade (DDA, ADHD, TDAH). Pelo que li sobre o assunto, descobri que na minha infância sofri desse transtorno (e creio que ainda sofro, mesmo não o sentindo como sofrimento), como meu filho também, várias crianças que conheço, e por aí afora. Para diagnosticar tal transtorno, é costume observar se as crianças não conseguem prestar muita atenção a detalhes ou cometem erros por descuido nos trabalhos escolares. Bem, não quero me imiscuir nas questões técnicas da medicina ou da psicologia, mas é difícil acreditar que crianças prestem muita atenção a trabalhos escolares chatos. Portanto, se um aluno está desatento a algo que não deveria lhe chamar a atenção, isso não deveria constituir critério de detecção de transtornos.

Achei interessante também notar que um dos critérios é observar se a criança mexe muito as mãos ou os pés quando está na cadeira. Quero lembrar que nem a medicina nem a psicologia têm a palavra final nas questões escolares; não são infalíveis em seus métodos e precisam ser questionadas pela pedagogia quando se trata de assuntos pedagógicos. Lembro ainda que, em boa parte das escolas, as crianças e adolescentes são obrigados a ficar confinados em pequenos espaços de meio metro quadrado, quatro horas por dia, duzentos dias por ano, durante onze anos, ou seja, durante 8.800

horas. Se isso não justifica mexer muito pés e mãos, não entendo mais nada de pedagogia.

Há outros pontos de observação para avaliar transtornos de desatenção e hiperatividade, como verificar se a criança evita ou tem má vontade com esforços mentais prolongados. Ora, se o esforço mental refere-se a algo enfadonho, algo sem significado para a vida dela, não entendo por qual motivo ela deveria se entregar a isso. Talvez seja sintoma de saúde recusar tais tarefas. Se é perigoso não dar tratamento especial a quem realmente tem algum tipo de transtorno, também é extremamente perigoso considerar como transtorno comportamentos que são típicos de qualquer criança saudável. A apatia certamente é bem-vinda nas escolas que privilegiam, acima de tudo, o controle sobre o comportamento de seus alunos, mesmo sendo, para alguns, mais doentia que a temida "hiperatividade".

Diagnosticados os problemas ligados aos transtornos de desatenção ou hiperatividade, em muitos casos, tratamentos médicos e psicológicos são recomendados. Admito que existem casos patológicos de desatenção, claro, como há casos patológicos para tudo, do trabalho ao jogo e ao sexo. Porém, o que percebo é que, diante da gravidade do problema escolar, isto é, da incapacidade para ensinar as crianças, é melhor colocar a culpa nelas. Não aprender acaba sendo reputado a uma doença e, pior, a uma doença decorrente de um problema genético. Se as tarefas são insuportáveis para quem tem pouca idade, o problema, nesse caso, é atribuído não à tarefa, mas ao aluno que não presta atenção. Se o problema é genético, ele nasceu assim; portanto, seu comportamento precisa ser controlado (talvez por meio de tratamentos psicológicos ou medicamentos).

Para mim, no entanto, trata-se de uma coisa maior, que, aqui e ali, apontarei neste texto. Crianças, assim como adultos, não devem fugir aos padrões. De alguma maneira, todos nós estamos sendo rastreados, diagnosticados, observados, classificados. Sempre que algum de nós faz um teste, liga um celular, se conecta na internet, aciona uma senha, está sendo, de alguma forma, catalogado, estudado, incluído em determinado padrão. Criança que não presta atenção na escola medieval foge ao padrão. O grande mal, portanto, não é deixar de aprender, é fugir aos padrões estabelecidos, é, de alguma maneira, escapar aos controles de uma sociedade do controle. Mais que manter a disciplina, atitudes como a de diagnosticar comportamentos que fogem à regra, tais como desatenção e hiperatividade, buscam manter os alunos dentro de determinados padrões que garantem, sobre as pessoas, o controle de seus comportamentos.

Sociedade disciplinar, sociedade do controle

Atentos às mudanças na sociedade, pensadores identificam, a partir do final da Segunda Guerra Mundial, uma mudança radicalmente transformadora no modo de viver das pessoas. Até então havia uma absoluta preocupação em disciplinar as pessoas, para melhor dispor de suas vidas, isto é, por parte daqueles que detinham os meios de produção, o patrimônio, a riqueza, o poder. Resultam de tal ideologia os mecanismos disciplinares aplicados nas prisões, nos manicômios, nos quartéis, nas escolas, mecanismos esses finamente descritos por Michel Foucault (2000) especialmente em *Vigiar e punir*. O perspicaz pensador francês não se preocupou em descobrir grandes distinções entre essa ou aquela instituição, pois que os mecanismos disciplinares eram os mesmos, variadas apenas as circunstâncias. Em todas as instituições, algo comum: a distribuição dos corpos nos espaços respectivos. Foucault (ibidem, p. 123) lembra-nos que:

> o princípio de "clausura" não é constante, nem indispensável, nem suficiente nos aparelhos disciplinares. Estes trabalham o espaço de maneira muito mais flexível e fina. E em primeiro lugar segundo o princípio da localização imediata ou do quadriculamento. Cada indivíduo no seu lugar; e em cada lugar, um indivíduo. Evitar as distribuições por grupos; decompor as implantações coletivas; analisar as pluralidades confusas, maciças ou fugidias. O espaço disciplinar tende a se dividir em tantas parcelas quantos corpos ou elementos há a repartir. É preciso anular os efeitos das repartições indecisas, o desaparecimento descontrolado dos indivíduos, sua circulação difusa, sua coagulação inutilizável e perigosa; tática de antideserção, de antivadiagem, de antiaglomeração.

Essa sociedade disciplinar tenderia ao desaparecimento após terminada a Segunda Guerra Mundial. O esforço de guerra em codificar e decodificar mensagens, por exemplo, faria surgir mecanismos sutis de controle que se aplicariam, hoje, a todas as instâncias de nossa vida. Mais que disciplinados, teríamos de ser controlados. No entanto, atraso dos atrasos, até nisso a escola mantém-se defasada. Em que pesem sintomas fortes da entrada em ação dos tais mecanismos de controle, os prédios, as salas, as carteiras, o quadriculamento, a vigilância cerrada mantêm-se quase intactos. O que mudou? Mudaram as ordens quanto aos castigos. O advento do respeito aos direitos humanos proíbe castigos às crianças, mas não proíbe vigiá-las, confiná-las. Aos procedimentos disciplinares, que incluíam, entre outras coisas, o castigo, a punição, sempre escapa algum comportamento, eles não garantem o controle, desde que mudaram as leis. Também mudaram os objetivos fundamentais da escola disciplinar, que tinha, na sua raiz, a preocupação com ensinar conteúdos. Agora, mais que tudo, ensina-se um modo de se comportar que leva à promoção. Não importa saber matemática, mas ser aprovado em matemática, não importa aprender literatura ou ciências, mas responder adequadamente às questões postas nos exames vestibulares. De modo que, além do esforço de vigilância do professor sobre o aluno, para que ele não transgrida a disciplina rígida, há o esforço no sentido de controlar determinados comportamentos mediante o direcionamento para uma meta. Estabelece-se, dessa maneira, certo padrão de comportamento. Não creio que a maior preocupação seja a de excluir pessoas de um sistema, mas de incluí-las em grupos de comportamentos.

Quem levantou essa questão antes dos demais foi Gilles Deleuze. Segundo Costa (2004, p. 1), ele advertia que a sociedade de controle ultrapassaria a disciplinar. Para isso tenderia também a escola, pois ela iria para onde fosse toda a sociedade:

> Já a sociedade de controle seria marcada pela interpenetração dos espaços, por sua suposta ausência de limites definidos (a rede) e pela instauração de um tempo contínuo no qual os indivíduos nunca conseguiriam terminar coisa nenhuma, pois estariam sempre enredados numa espécie de formação permanente, de dívida impagável, prisioneiros em campo aberto. O que haveria aqui, segundo Deleuze, seria uma espécie de modulação constante e universal que atravessaria e regularia as malhas do tecido social.

Se em alguns mundos se aplicam à risca tais procedimentos, não é na escola que tal modelo ajustou-se como luva. Fiel ao seu conservadorismo, a escola mescla procedimentos da sociedade disciplinar descrita por Foucault com os da sociedade de controle descrita por Deleuze. Sem dúvida, a impressão que se tem é de que os indivíduos nunca conseguem terminar coisa nenhuma, nunca aprendem o que têm de aprender, e não há quem se interesse por isso nas esferas mais altas do poder. Parece que, aos poucos, podem fazer tudo, mas nada podem fazer. Sob a falsa aparência da liberdade, todos tendem a ser iguais, pois todos precisam dar respostas iguais aos mesmos problemas. Se os alunos são libertados aos poucos dos uniformes, seus gestos, por sua vez, tendem à padronização, como suas falas, suas comidas e bebidas. A escola não dá conta de modular seus gestos, mas a academia de ginástica o faz. A escola não dá conta de modular seus pensamentos, mas a instituição que verdadeiramente importa, que é o vestibular, se incumbe dessa tarefa. Os alunos não são ensinados a amar, são ensinados a usar corretamente preservativos.

Aos poucos a escola se molda ao controle, atualiza-se, diminui seu empenho de disciplinar para aumentar o empenho de controlar. Computadores conectados em rede são uma realidade em escolas de vários países do mundo. No Brasil, o esforço para que isso ocorra não vem acompanhado de projetos para bem utilizá-lo. Há escolas na rede particular que fazem a apologia do professor eletrônico. Em algum tempo, espera-se que professores de carne e osso sejam dispensáveis. Pela rede, todos aprendem com um professor neutro, e a mesma coisa.

Práticas como a de rastrear possíveis transtornos de desatenção e hiperatividade invadem as escolas. Todos os alunos devem ser testados, catalogados, classificados. A escola deixa de ser um lugar para ensinar para ser um lugar de vacinar, de examinar, de testar, de observar controles e condutas.

A experiência de Florianópolis

Entre os que defendem uma sociedade global, de controle, e os que se opõem a ela há um embate. Eu diria que, da parte dos opositores, uma luta bastante discreta, aparentemente tímida e pulverizada em experiências isoladas. Uma espécie de confronto semelhante ao que ocorreu entre Davi e Golias. Não seria o caso, portanto, de enfrentar o embate munindo-se das mesmas armas do adversário. Numa sociedade de controle, mais que na disciplinar, os instrumentos são muito sofisticados, caros, sutis. Neste artigo, estou falando de pedagogia, de grupos de professores que estudam possibilidades pedagógicas, gente que não está no poder, que não tem dinheiro nem domina tecnologias sofisticadas. A impressão que se tem à primeira vista é a de uma luta inglória, fadada a pender sempre para o lado mais poderoso.

Não é bem assim, porém, que as coisas funcionam. Claro que é possível opor-se ao movimento de globalização, ao empenho da sociedade de controle, mesmo sem possuir os mesmos instrumentos que eles. Basta não ajustar-se à lógica desses modelos, não praticar os mesmos tipos de ação, não corresponder à mesma linguagem. Divulga-se a idéia de que não há projeto eficiente que não seja custoso, portanto necessariamente patrocinado, financiado por órgãos poderosos. Já vi até festa religiosa ser patrocinada. A coisa chegou a um ponto que, um dia, fui a uma festa típica italiana em um bairro tradicional de São Paulo. Mesmo sendo a capital paulistana a cidade gastronômica por excelência, e tendo uma das maiores colônias italianas do planeta, só se podia comer um tipo de massa, pois havia uma grande empresa que patrocinava tudo e exigia que a massa consumida fosse exclusivamente a sua.

Os projetos de oposição ao movimento global costumam ser isolados, localizados em práticas que pouco se comunicam e em ONGs que se juntam, quando muito, em fóruns, em comitês etc. Entretanto, é preciso perceber que atitudes humildes e silenciosas não significam, necessariamente, atitudes fracas.

O que aqui vou relatar segue outra via, outra opção. Não estamos vinculados a outros grupos nem ligados a fóruns ou comitês, pelo menos, por enquanto. No entanto, não estamos isolados. Somos um grupo, um grupo numeroso, vinculado a uma universidade pública. Para quebrar o isolamento tão ao molde dos grupos alternativos, forjamos uma saída. Os integrantes do grupo de estudos Oficinas do Jogo, do Centro de Educação Física, Fisioterapia e Desportos da Universidade do Estado de Santa Catarina, são, na sua maioria, professores da rede oficial de ensino. Ou seja, são pessoas que habitualmente dão suas aulas em escolas e nos procuram para estudar e, quem sabe, mudar seus projetos de ensino.

A intenção, basicamente, é fazer que esses professores acreditem ser possível realizar mudanças radicais sem que a escola tenha de mudar tudo do dia para a noite. Não se trata, portanto, de sugerir que a escola assuma um projeto radical de mudança pedagógica, de mudança de rumos, mas de alterar o que se faz a partir do interior da escola, de transformações em algum espaço, em alguma disciplina, sem assustar o sistema escolar, sem correr o risco de ser cuspido para fora dele. Não se trata de um projeto elaborado na universidade que chega à escola para mudá-la. Antes, é um trabalho elaborado junto com os professores da rede oficial de ensino para que eles, a partir de suas próprias aulas, realizem alterações no modo de dar as aulas, produzindo, aos poucos, um movimento de transformações no ambiente pedagógico, nos conteúdos a serem ensinados, na abordagem pedagógica e no produto final do conhecimento. Há muitos belos trabalhos feitos por aí, especialmente em escolas particulares, mas costumam ser isolados e não se espalham pela rede de ensino.

O integrante do grupo Oficinas do Jogo que pretende aplicar o projeto na sua escola tem de declarar essa intenção, juntamente com a direção de sua escola. Por algum tempo ele se mantém no grupo, aprendendo os procedimentos práticos e a teoria que os fundamenta. Aprende, nesse tempo, a confeccionar o material pedagógico necessário. Em seguida, com a ajuda de integrantes do grupo de estudos, o projeto é implementado.

Esse grupo de estudos decorreu do desejo manifestado por alguns professores de continuar seus estudos na universidade. Pelas vias formais, seria difícil integrar todos eles, isto é, se o acesso tivesse de passar pelas seleções dos programas de mestrado. Uma maneira de permitir que todos possam estudar na universidade é criar grupos informais de estudos. Além disso, o desejo desses professores coincidiu com minha intenção de prosseguir estudos que já se estendem por mais de vinte anos, desde que comecei a viver experiências semelhantes em escolas da rede oficial de ensino (Venâncio e Freire, 2005).

Seria por demais longo descrever todo o processo de implementação e desenvolvimento do trabalho. Portanto, creio que descrever acontecimentos habituais em um projeto já em funcionamento tornaria mais fácil entender o que se passa.

São sete e meia de uma manhã de terça-feira, muito sol, céu azul. As crianças, alvoroçadas pela novidade, correm para a sala. Vai começar a aula de educação física. Mas não parece muito uma aula de educação física. A professora se senta com seus alunos de primeira série em uma roda, no chão da sala, e inicia uma conversa. Ela sugere uma brincadeira. "Olha, a gente podia brincar, hoje, de fazer, com este material, as coisas do nosso bairro, o bairro aqui da escola." As crianças moram num dos morros de Florianópolis, um bairro cheio de tradições, que, recentemente, produz também uma trágica cultura de tráfico e outros crimes. Num dos cantos do pátio de educação física há uma pilha de materiais: caixas de papelão, garrafas de plástico, bastões de madeira, cordas, tampinhas de garrafa, arcos de plástico, latas, panos e bolas de meia. São peças feitas de material reciclado. Depois de pintadas de verde, amarelo, azul e vermelho, ficaram muito atraentes, muito bonitas. Pode-se ver que os materiais, além de coloridos, são de vários tipos, tamanhos, formas e pesos.

Ainda na roda, com a professora, as crianças falam sobre o bairro: a rua onde moram, suas casas, seus pais e irmãos, as coisas que acontecem em casa e nas ruas. São muitas as opiniões.

A roda é mágica, é um momento em que os alunos imaginam sua realidade; no caso, a realidade do bairro onde vivem. Essa é uma das mágicas da vida: a gente poder transformar em imagens as experiências empíricas, cotidianas, reais. Na conversa tudo vira imaginação. Quando a professora conversa com seus alunos sobre o bairro em que moram, as crianças transformam em representações suas vidas reais. Isso quer dizer que elas vivem, na roda, a oportunidade de se afastar da realidade, de vê-la de fora, de tomar distância dela. Um primeiro passo para a tomada de consciência.

"Bem, agora vocês vão construir, com os materiais, o bairro de vocês. Mas, vejam bem, vamos fazer isso em grupos. Formem quatro grupos." Depois de formados os grupos, a professora sugeriu a cada um deles trabalhar com materiais de apenas uma cor, ou seja, haveria o grupo dos materiais vermelhos, o dos azuis, o dos amarelos e o dos verdes. As crianças se dirigiram aos cantos do pátio e começaram a realizar seus trabalhos. Não demoraram muito. O que emperrou um pouco as construções foram algumas desavenças. Afinal, em cada grupo os alunos tinham idéias diferentes sobre o bairro; portanto, tiveram de chegar a um acordo, e isso não aconteceu sem conflitos. Mas, no final, tudo deu certo e eles puderam conversar com a professora sobre o que construíram.

"O que vocês fizeram aí?", perguntou a professora ao grupo que estava com os materiais de cor verde. "Ah! professora, aqui é a escola, aqui a gente fez o bar do seu João, aqui é a minha casa..." Em cada grupo repetia-se essa conversa. As crianças descreviam com muita animação os seus arranjos, faziam piadas, divertiam-se bastante.

Terminadas as descrições, a professora sugeriu que, em seguida, fizessem outra construção das coisas do bairro, tentando fazê-las ainda mais bonitas, só que, agora, quem estava com o material verde deveria usar também material vermelho; os que estavam com a cor vermelha adicionariam a amarela, o grupo que construiu com material amarelo usaria também o verde, e os que iniciaram só com o material azul usariam agora também o vermelho.

Dessa vez foi um pouco mais complicado, porque as negociações para trocar materiais foram difíceis, saíram algumas brigas. Uma das brigas mais sérias aconteceu quando as crianças do grupo vermelho e amarelo disseram que a construção do grupo azul e vermelho estava feia. Porém, com uma boa ajuda da professora, tudo se resolveu e concluíram as tarefas. Ao final, os alunos de cada grupo descreveram suas atividades à professora.

Recapitulando: antes de começar as construções, os alunos conversaram com a professora sobre o bairro. Fazendo isso, viveram um primeiro momento de distanciamento da realidade, de representação sobre ela. Agora, entretanto, quando construíram, com as peças disponíveis, as coisas do bairro, realizaram um segundo momento de representação, uma representação mais elaborada. É possível dizer que, com o material disponível, escreveram sua realidade. Funciona mais ou menos como nosso vocabulário. Para escrever um texto, temos à mão letras e palavras, que são as disponíveis no vocabulário. Ao escrever a palavra "casa", temos as letras do alfabeto e não mais, de modo que, ao terminar, a palavra não se parece com a coisa. Da mesma maneira, as crianças, ao construir o bairro com o material reciclado, só podem fazê-lo com as peças disponíveis, e não outras. Fica mais parecido, ao final, com o bairro, que se tivessem escrito a palavra correspondente, mas não exatamente igual; é apenas uma representação.

Para realizar a construção, tiveram de realizar um bom esforço de articulação social, já que as visões sobre o bairro são diversificadas; precisam chegar a um acordo dentro de cada grupo. Quando a professora sugeriu usarem duas cores, esse esforço teve de ser maior, já que as crianças tiveram de negociar com os componentes de outros grupos.

Os conflitos são resolvidos por acordo, como em qualquer brincadeira infantil. Regras são construídas, acordos são fechados, a brincadeira continua. O desenvolvimento moral e o social caminham juntos. O jogo mostra que as regras impostas são dispensáveis; nas sociedades democráticas, as regras construídas pelos componentes de um grupo, por mais que isso seja conflituoso, são as mais saudáveis. Os conflitos são produtivos; as imposições, estagnantes.

"A senhora gostou do nosso bairro, professora? Não ficou bonito?", muitas crianças perguntam. Várias afirmam categoricamente que está muito bonito. A preocupação com a beleza é freqüente nas brincadeiras infantis. Isso me lembra quando eu era pequeno e a gente avaliava a habilidade de garotos novos no grupo, para jogar pião ou bolinhas de gude, por seus gestos. Se eram refinados, bonitos, a gente respeitava o novo jogador, mesmo antes de vê-lo lançar sua bolinha.

Depois de prontas as construções, a professora foi de grupo em grupo para conversar com as crianças. É importante fazer as perguntas corretas. "O que vocês fizeram aí?" "O que é esse prédio tão alto?" "E isso aqui, é a casa de quem?" Esse já é o terceiro momento de representação. Ao conversar com a professora, os alunos falam sobre as construções, que já são uma representação do que imaginaram sobre a realidade. Ou seja, estão agora bastante distanciados dessa realidade. Podendo vê-la de fora, começam a distinguir coisas que, de dentro dela, não é possível ver. Transformaram casas, ruas, pessoas, sentimentos e gestos em imagens, objetos e palavras.

Os alunos dessa aula cursavam a primeira série do ensino fundamental. Uns mais, outros menos, liam e escreviam um pouco. A professora pediu que escrevessem sobre suas construções. Que escrevessem com tempo, se quisessem, em casa, e trouxessem o material no dia seguinte. Na maioria dos casos, não ficou muito legível para nós, mas estavam escritas lá, ao modo deles, muitas coisas que traduziam sua realidade, seus sentimentos, seus conflitos etc. Com isso, a professora conseguiu que realizassem um quarto momento de representação da realidade do bairro. Quanta distância puderam tomar da realidade cotidiana! Não se trata de fazê-los se afastar da realidade no sentido de negá-la, mas de poder vê-la melhor, isto é, de poder compreendê-la. Quando uma criança constrói uma casa, uma rua, ela não deixa, por exemplo, os sentimentos lá na rua, mas os traz para o jogo. E ali, livre das pressões do cotidiano, pode lidar com eles.

Para fechar o ciclo, depois de recolher o material escrito, a professora saiu da escola e foi para as ruas com as crianças, para visitar o bairro, para conversar com moradores, para visitar os estabelecimentos comerciais e as casas de muitos deles. Com caderno e lápis na mão, os alunos entrevistaram moradores e familiares, perguntaram sobre a história do bairro, anotaram detalhes das ruas, conversaram com amigos. Voltavam à realidade; porém, agora, com outra visão.

Um ciclo completo foi realizado. Partiram do cotidiano real, isto é, a casa, a rua, as pessoas, os gestos, as emoções, os pensamentos práticos do dia-a-dia. Uma realidade que incluía, naquele caso, um morro, muitas casas precárias, pobreza, tráfico de drogas, crimes, alegrias, comida, animais, amigos, pais, ou seja, aquilo com que conviviam quando não estavam na escola. Em seguida, conversando com a professora, formaram imagens sobre essa realidade; uma primeira representação. A partir dessas imagens, em grupos, construíram esse cotidiano; uma segunda representação. Concluídas as construções, conversaram com a professora sobre elas; uma terceira representação. E foram fechando o círculo. No caderno, escreveram sobre as construções, isto é, realizaram uma quarta representação. E, por fim, saíram da escola e voltaram, com a professora, ao bairro, para vê-lo de outro ângulo; fecharam o círculo.

142

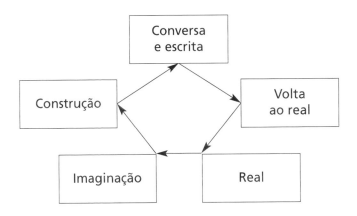

Para isso serve a escola. Não para formar o músico, mas para ensinar a ouvir; não para formar o matemático, mas para ensinar a pensar; não para encerrar a vida num claustro, antes, para ensinar a viver. Sabemos das dificuldades que as crianças têm, especialmente em escolas de bairros empobrecidos, para assimilar os conteúdos escolares. Em seus cotidianos, adquirem muitos conhecimentos ricos, os quais estão de tal forma distantes dos conteúdos escolares que não se conectam, de modo que o que vêem na escola não tem significado para elas. Na história que contei há pouco, um ciclo completo foi cumprido, a partir do rico conhecimento cotidiano. Pouco a pouco, ele foi elaborado em níveis sucessivos de representação, até voltar ao real modificado. A criança que, estando dentro da realidade, pressionada por ela, não consegue compreendê-la, ao cumprir o ciclo, volta para ela com instrumentos de compreensão aperfeiçoados. Se isso é possível, é bem provável que, ao deparar com os conteúdos escolares, também possa assimilá-los, ligando-os de alguma forma à sua vida, isto é, tornando-os significativos.

Os conhecimentos escolares referem-se, tanto quanto os conhecimentos que as crianças constroem em seus cotidianos, à realidade da vida; descrevem a natureza, as relações entre as pessoas, sentimentos etc. No entanto, os conteúdos da escola são escritos em outra linguagem, mais refinada, mais distante do mundo real, mais compactada e bem codificada. Acabam por se posicionar em pontos tão distantes dos conhecimentos das crianças que essas, se não forem ajudadas, não ligam umas com as outras.

Mas essa é outra história, que exigiria um livro inteiro para contá-la. Esta que estou relatando está sendo escrita em várias escolas de Santa Catarina. É a nossa maneira de fazer pedagogia para aumentar os poderes de assimilação das crianças, de capacitá-las para compreender melhor sua realidade, de instrumentalizá-las para construir uma consciência autônoma. Muitos antes de nós, como Paulo Freire (1996), produziram experiências semelhantes. No tempo em que nosso maior educador andava pelo Nordeste, levar trabalhadores a compreender seus cotidianos era subversão, inspirava medo, ameaçava o patrimônio dos ricos e poderosos. E os serviços de segurança tinham razão. Trata-se de uma ameaça real. Enquanto a gente apenas vive o cotidiano prático de nossa miséria material, nenhum perigo isso representa para os controladores dessa sociedade do controle. Porém, se construirmos instrumentos para compreender essa realidade, como Paulo Freire fazia com os trabalhadores no Nordeste brasileiro, sem dúvida esses instrumentos passam a ser uma ameaça. Imaginem crianças, vizinhas do tráfico, não raro moradoras de barracos, platéia de muitas violências, se puderem aprender a pensar, a criticar, a ter consciência desse cotidiano, que perigo representarão – não como futuros traficantes ou subempregados, mas como futuros cidadãos.

Como já comentei, esse trabalho, apresentado aqui parcialmente, em pequenas pinceladas, faz parte do projeto Oficinas do Jogo, do Departamento de Extensão do Centro de Educação Física, Fisioterapia e Desportos da Universidade do Estado de Santa Catarina. É produzido por um grupo de estudos, cujos integrantes não são selecionados por critérios acadêmicos, mas somente por interesse em estudar. O grupo se envolve apenas com produções em pedagogia; portanto, não é um grupo de psicopedagogia; as questões psicológicas são estudadas mas não abordadas nos trabalhos práticos. Integram o projeto professores(as), estudantes ou quaisquer outros interessados.

Entre outras coisas, os integrantes das Oficinas do Jogo reciclam materiais, transformando-os em peças para brinquedos. Com caixas de papelão, cabos de vassoura, garrafas vazias de plástico, latas usadas, tampinhas de garrafas, meias velhas, pedaços de pano, arcos de plástico, entre outras coisas, fazem as peças de jogo. Com as meias velhas, por exemplo, fazem bolas, mas não quaisquer bolas, e sim variadas em tamanhos, pesos e cores. Todas serão ou vermelhas ou verdes ou amarelas ou azuis, como as demais peças. As bolas sempre são ou grandes ou médias ou pequenas. E, também, leves, médias ou pesadas. Caixas, bastões, garrafas seguem o mesmo critério; isto é, de diversificação em pesos, tamanhos, formas, cores, para que, brincando, as crianças possam viver a experiência dos contrastes, causadores de conflitos. São estes que chamam a atenção para as questões do pensamento lógico, para as questões afetivas, morais, motoras, e assim por diante.

Fica aí nossa sugestão de tratamento para os transtornos de desatenção ou hiperatividade; isto é, uma pedagogia que desperta o interesse, que é bonita, atraente, sedutora, num ambiente onde vale a pena aprender. Ensinar criança como criança é ainda o maior desafio da escola.

Nem só de construções com peças de brinquedos vive nosso projeto. De maneira geral, todas as brincadeiras populares servem ao nosso propósito. Podemos brincar de "Caça ao Tesouro", porém adaptando-o às nossas intenções pedagógicas. Para fazê-lo, os alunos, ao perseguirem as pistas, receberão sugestões sobre como achar o objeto vermelho mais comprido localizado em tal ponto etc. Mas também poderia ser uma brincadeira de pega-pega, na qual só estariam a salvo do pegador os jogadores que se recolhessem ao interior dos arcos de cor azul, e assim por diante. E nada mais simples que adaptar as corridas de estafetas ao projeto, bastando que os jogadores, ao cumprirem seu percurso de corrida, tenham de contornar, por exemplo, os objetos longos não-amarelos etc. Também se prestam maravilhosamente aos objetivos desse trabalho jogos com histórias, como as viagens à selva, ao espaço etc., de modo que as crianças tenham de, com os objetos, e coletivamente, construir os cenários das brincadeiras. E, em todos os casos, sempre imaginando, construindo, conversando entre elas e com os professores, desenhando e escrevendo.

Considerações finais

Viver numa sociedade disciplinar significa reduzir a vida a espaços de confinamento insistentemente vigiados. Assim como no projeto de Benthan (Foucault, 2000), quando os prisioneiros, após saber-se vigiados em todos os momentos de suas vidas, mesmo sem guardas na torre central da prisão passariam a se autovigiar, também os alunos de uma escola podem ser incapazes de colar na ausência do professor que os vigiou o tempo todo. Numa sociedade do controle, essa vigilância deixa de ser materializada na figura desta ou daquela pessoa. Quando estamos, hoje, sendo atendidos no balcão de alguma empresa, por um funcionário à frente do computador, os responsáveis pela corporação, ou seus donos, não são mais identificados. Os funcionários, diante dos problemas com o computador, respondem com vagas alusões às quedas do sistema. E todo mundo fica se perguntando quem é esse sistema. Numa sala de exames vestibulares, a maior vigilância é feita sobre mecanismos que possam ser utilizados pelos alunos, como radiotransmissores, celulares etc. O risco de que possam colar de outros candidatos é mínimo, pois dar cola para alguém significa aumentar as chances do concorrente, coisa que os alunos aprendem a não fazer durante sua formação.

A escola, portanto, conjumina ambas as coisas, talvez porque esteja passando de uma a outra. Ainda mantém fortes vestígios da sociedade disciplinar e incorpora sucessivamente mecanismos sutis de controle. Nessa segunda hipótese, é fartamente auxiliada pelos meios de comunicação, pela propaganda de massa, pelos recursos tecnológicos etc. A idéia, numa sociedade do controle, é que todos tenham o mesmo paladar e olfato (*fast food* é a melhor comida do mundo), a mesma audição (a invasão, no Brasil, do pagode de baixo nível e da música sertaneja com conotações *country*), os mesmos gestos (a mediocrização da educação física praticada em boa parte das academias e seus pacotes importados de ginásticas), as mesmas imagens (a televisão, conhecendo o perfil de seus usuários, oferece a mesma programação de baixo nível cultural com maior economia), as mesmas roupas, os mesmos pensamentos, e assim por diante. Nas universidades particulares, a moda é obrigar professores a registrar presença com um cartão magnético, às vezes na porta da sala de aula. O professor vale não pela boa ou má aula que dá, mas pelo registro magnético de cada presença. Ele não é mais um professor, é um número fácil de administrar na peça montada para gerar lucros com diplomas.

Está para se disseminar, aumentando o controle, a biometria. Nada mais de cartões magnéticos ou senhas, e sim a assinatura digital. E, futuramente, quem sabe, a captura do DNA de cada um de nós. É mais fácil controlar quem está vazio; é mais fácil controlar os iguais. Há uma passagem no livro *A história sem fim* (Ende, 1985) em que o herói da história, Bastian, pergunta a Xayíde, uma das muitas habitantes de Fantasia: "Quando lutei com os seus gigantes couraçados, verifiquei que consistiam apenas em armaduras e que eram ocos por dentro. Como se movimentam?" Ao que Xayíde responde: "São movidos por minha vontade... Exatamente porque são ocos, obedecem à minha vontade. Minha vontade é capaz de se impor a tudo o que é vazio por dentro" (ibidem, p. 298). Porém, um único diferente pode causar sérias perturbações ao sistema. A sociedade não liga mais para o registro de identidade das pessoas, mas para seus perfis de usuários, de consumidores. Alunos tendem a se transformar, aos poucos, em usuários, em clientes das escolas, que as atenderão de acordo com seus perfis. Tudo indica que não há, nem haverá, na rede oficial, propostas para atender alunos com perfis de criativos, de estudiosos, de autônomos.

Na contramão da sociedade de controle, há inúmeras iniciativas de grupos ou pessoas. As ONGs são um fenômeno que decorre, em parte, dessa luta contra o fenômeno da globalização, ou do "sejamos todos iguais". Ou seja, contra a sociedade de controle, qualquer iniciativa de tornar as pessoas diferentes tem sentido. Portanto, praticar uma pedagogia que busque fazer que Ana aprenda a ser Ana e João aprenda a ser João é educar na contramão dessa ideologia controladora. Uma sociedade não possui chances de ser democrática quando todos são iguais a todos, mas apenas quando todos são diferentes de todos e, exatamente por isso, podem estabelecer as trocas que uma sociedade democrática precisa para existir.

E é com esse sentido que fazemos nossas aulas, como a que foi descrita pouco atrás. No centro dessa pedagogia, o belo e o jogo, primos-irmãos. O avassalador apelo do jogo. O perigo do jogo, numa sociedade de controle, é que ele é tão mais tentador quanto menos é obrigatório. E ele é exatamente tentador porque não temos obrigação de praticá-lo. O jogo é aquele fenômeno em que a gente faz coisas sem precisar fazê-las. Mas as coisas obrigatórias, porque são obrigatórias, seriam evitadas por nós sempre que não há controle de algum tipo. Esse é o perigo do jogo, para a escola, para o trabalho. Daí o tão grande empenho para domesticar o jogo, controlá-lo, mantê-lo sob rédeas, transformá-lo em fonte de renda (Freire, 2002).

No jogo, porém, é possível arriscar, perder, morrer, isto é, perder de mentirinha, morrer de mentirinha. Se não dá certo, dá para começar tudo de novo, corrigir o que foi feito de errado, criar, alterar, embelezar. As crianças, no projeto Oficinas do Jogo, agindo numa aula aparentemente normal, jogam. Jogando, trazem para dentro da escola suas casas, seu bairro, sua cidade, seus sentimentos e emoções, suas relações em sociedade, seus desejos, sua lógica, seus gestos. Trata-se de trazer o mundo real para dentro da sala de aula, um mundo de mentirinha, de jogo. O jogo permite que as crianças vejam com consciência, por estarem distanciadas, a realidade que elas vivem, mas nem sempre compreendem, porque estão no meio dela. É preciso ter oportunidades de se distanciar da realidade para compreendê-la. Procurei mostrar, na descrição da aula feita anteriormente, uma possível forma de levar as crianças a esse distanciamento.

E por que estar numa Oficina do Jogo escapa ao controle que querem nos impor? Simplesmente porque o objetivo é colocar o aluno num ambiente em que ele possa construir conhecimentos, que, se em alguns pontos são universais, em outros são exclusivamente dele, incorporados a ele, fazendo dele um indivíduo único, absolutamente original. Não se trata, acima de tudo, de incorporar padrões de comportamento, ou informações para o vestibular, mas de aprender a pensar, a criar, a se expressar, a apreciar o belo, a se relacionar, a lidar com as emoções. Iguais devem ser os direitos humanos, as oportunidades. No mais, ser igual é ser prisioneiro.

Referências bibliográficas

COSTA, R. Sociedade do controle. *São Paulo em Perspectiva*, v. 18, n. 1, 2004, p. 161-7. Disponível em <http://www.scielo.br/cgi-bin/wxis.exe/iah/>

COSTA NUNES, R. A. *História da educação na Idade Média*. São Paulo: Edusp, 1979, p. 9-30. Disponível em <http://www.microbookstudio.com/ruynuneshistoriaeducacaoidademedia.htm>

ENDE, M. *A história sem sim*. São Paulo: Martins Fontes, 1985.

FOUCAULT, M. *Vigiar e punir*. Petrópolis: Vozes, 2000.

FREIRE, J. B. *De corpo e alma: o discurso da motricidade*. São Paulo: Summus, 1991.

_____. *O jogo: entre o riso e o choro*. Campinas: Autores Associados, 2002.

FREIRE, J. B.; SCAGLIA, A. *Educação como prática corporal*. São Paulo: Scipione, 2003.

FREIRE, P. *Pedagogia do oprimido*. São Paulo: Paz e Terra, 1996.

LE BRETON, D. Adeus ao corpo. In: NOVAES, A. (org.). *O homem máquina: a ciência manipula o corpo*. São Paulo: Companhia das Letras, 2003.

VENÂNCIO, S.; FREIRE, J. B. *O jogo dentro e fora da escola*. Campinas: Autores Associados, 2005.

O senso de humor no trabalho com adolescentes com problemas de adaptação

Xus Martín

Se o humor só servisse para se aproveitar o momento em que ele surge, motivar um sorriso efêmero, provocar uma surpresa ou quebrar a rotina com uma gargalhada, já valeria a pena.

Ángel Idígoras

Nossa contribuição pretende mostrar como o bom humor e o uso freqüente da brincadeira pelos professores transformam-se em um recurso eficaz, inventivo e poderoso na intervenção educativa com adolescentes com problemas de adaptação. Pretendemos revelar alguns dos benefícios e das vantagens dessas iniciativas, e o faremos com base numa experiência real, da qual tivemos a oportunidade de participar como observadores.

Esclat: um recurso para jovens que não se adaptam à escola

O Esclat é um centro que recebe jovens de 12 a 16 anos, adolescentes que por motivos diversos fazem seus estudos fora da escola regular. Durante um ano escolar, nós o acompanhamos para realizar um trabalho etnográfico. Para sermos precisos, observamos os estudantes mais velhos, os que em junho terminariam o período de ensino fundamental. O grupo era formado por uma garota e nove garotos, todos de 15 e 16 anos. Begoña Leyva era a tutora deles. Tínhamos por objetivo saber como se realizava o processo de formação desses adolescentes, que mecanismos pedagógicos os educadores utilizavam, a que recursos de aprendizagem eles recorriam.

Para nossa surpresa, nas primeiras sessões nos demos conta de que o humor e a brincadeira sempre faziam parte do repertório dos professores e dos especialistas. Também nos chamou a atenção o fato de os garotos e as garotas rirem muito nas oficinas e nas classes.

As pessoas que freqüentam o Esclat são variadas. Se tentarmos defini-las, correremos o risco de rotular os estudantes, o que a equipe de educadores tenta evitar a todo custo. O reconhecimento de cada jovem como indivíduo único e inconfundível é uma das suas convicções mais arraigadas; a necessidade de acompanhar o crescimento pessoal de cada um deles, sua tarefa principal. Apesar do risco que isso pressupõe, achamos necessário apontar algumas das características mais comuns desses jovens, informação que talvez ajude a entender em linhas gerais a coletividade para a qual o Esclat se volta prioritariamente.

Os adolescentes que freqüentam o centro são alunos e alunas que fracassaram na escola, alguns deles ausentes contumazes, que passam muito tempo sem ir às aulas, não mostram interesse algum pelo que a escola tem para lhes oferecer e freqüentemente se gabam da sua indiferença. Se os problemas de aprendizagem são um aspecto constante nos prontuários que são enviados pelas escolas, a referência a conflitos por mau comportamento também é generalizada: conflito contínuo com os adultos, brigas com os colegas de classe, desrespeito às normas, reações agressivas a situações que eles não dominam, provocações, consumo de substâncias ilegais e, em alguns casos, conduta criminosa. A essa informação devemos acrescentar seu complemento, as situações pessoais que nem sempre são identificadas mas costumam contribuir para entender o comportamento do jovem. São também constantes na vida da maioria desses adolescentes a baixa auto-estima, a carência afetiva significativa, um grau ínfimo de independência, vulnerabilidade, situações familiares complicadas, moradia precária, baixa qualidade de vida e, em geral, meios sociais que pouco contribuem para a formação de uma personalidade autônoma e responsável.

O Esclat assume o desafio de reverter algumas dessas tendências da personalidade dos estudantes. A relação pessoal próxima e respeitosa com cada um deles, a criação de um ambiente educacional caloroso e acolhedor e a vontade de fazer os jovens sentirem o sucesso com seus trabalhos são alguns dos princípios que definem a atividade do centro.

Uma sessão na oficina de culinária

Às nove horas da manhã, começa o dia com a oficina de culinária. Begoña, a tutora do grupo, e Feli, a especialista da matéria, aguardam a chegada dos alunos.

– Bom-dia, Roberto. Meu Deus, a cada dia você está mais alto!

Roberto se aproxima de Feli e compara sua altura com a dela.

– Feli, tome cuidado que logo vou ultrapassar você – responde Roberto, orgulhoso de ter ganhado altura nos últimos meses.

Assim que entram, os estudantes vestem o avental e se reúnem à volta de uma mesa redonda grande. Begoña lê os afazeres de cada um deles: lavar a louça, varrer, secar os pratos e os talheres ou tirar as mesas.

– Puxa, Begoña, lavar a louça é chato demais. Além disso, minhas mãos ficam horrorosas – queixa-se María, que não se acostuma a usar luvas.

– Se é por isso, não se preocupe, porque eu trouxe um creme hidratante.

María não acredita que Begoña esteja falando sério, mas a educadora lhe entrega uma caixinha com creme para as mãos. A garota fica muito feliz com o presente: "Eu não esperava, Begoña, de verdade. Não esperava".

Às nove e cinco, ainda não chegaram Manuel e Rafa. Os alunos dividem se para o trabalho. Uns devem fazer uma torta de atum e os outros, espaguete à *carbonara*. Os dois grupos começam da mesma maneira: um garoto lê os ingredientes da receita; o resto se espalha pela cozinha, abrindo armários e geladeiras para encontrá-los; depois, verificam se todos os alimentos e utensílios necessários estão sobre a mesa.

– Atum, falta a lata de atum – diz Feli, que não vê a lata na mesa.

– Feli, é porque acabou – queixa-se Ismael, que já procurou a lata de atum e não a encontrou.

– Você procurou bem? Como já acabou se compramos dez latas outro dia? Vá, Mohamed, veja se a encontra.

Mohamed volta com uma lata. Begoña, de passagem, faz Mohamed parar:

– Mas o que você pegou? Isso é uma lata de patê de ganso. Veja, leia: *"foie gras"*, está vendo?

– Sim, mas como você me disse que trouxesse uma lata... – retruca o garoto, sorrindo, enquanto os colegas brincam com ele porque se enganou.

Feli vai ao armário e pega uma lata enorme de atum:

– É atum ou não é? Não sei se você estava procurando o peixe inteiro nadando, porque, se não for isso, não entendo – diz ela ao levar a lata para a mesa.

O grupo solta uma gargalhada. Begoña ri mais ainda. Ela tem um riso contagioso, e no fim os adolescentes riem mais de Begoña que do comentário de Feli.

Nove e vinte. Manuel chega. Levou uma hora até o centro. Nos meses iniciais, faltava sistematicamente à primeira aula. Agora vem, mas nunca é pontual. Vai direto até Begoña. Ela olha para o relógio pendurado na parede.

– Quase, você quase conseguiu, Manuel. Era só chegar vinte minutos antes que teria conseguido. Você faz idéia do que significa começar às nove? O que nem você imagina?

Begoña encara Manuel, que sorri timidamente, e continua ironizando:

– Não diga nada, a culpa é minha. É que eu nunca lhe disse que as aulas do Esclat começam às nove. Desculpe. Mas agora, sim, estou dizendo: começam às nove. Amanhã, chegue às nove. Todos vocês são testemunhas do que eu disse.

Manuel pega o avental e se junta ao grupo que prepara a torta de atum.

– Vamos, estamos esperando você para bater os ovos – diz Feli.

Na outra mesa, Andrés e Kike se dispõem a colocar o espaguete numa panela com água fervente.

– Agora, ponha um punhado de sal, depois o espaguete, e pronto – diz Kike ao colega.

– Como assim, um punhado? Você quis dizer "uma pitada" de sal, não? – corrige Feli, que tinha ouvido o comentário.

– Não. Três colheres! É o que está aqui – protesta o garoto, apontando para a receita.

– Com respeito e com afeto, Andrés. Coloca-se o sal com muito afeto. Nada de punhados nem de movimentos bruscos. Na cozinha, tudo se faz com muita delicadeza – acrescenta Begoña em tom meloso.

Apesar do cuidado das educadoras, quando Feli prova o espaguete depois do cozimento, vê que está salgado demais.

– Quanto sal você pôs? – pergunta a professora, franzindo o rosto.

– O que estava na receita: três colheres – responde Andrés, cheio de certeza.

– Colher de quê? – insiste Feli, que já imagina qual teria sido o erro.

– Destas – diz Andrés, pegando uma colher de sopa.

– Mas na receita está de sobremesa: "colheres de sobremesa" – lê Feli.

– Mas aí ninguém ia notar o sal. Se puséssemos tão pouco, o espaguete ficaria insosso – intervém Kike em defesa do colega.

– Kike, meu filho, nem que você fosse uma cabra precisaria de tanto sal para subir uma montanha.

Com o comentário de Feli, encerra-se o incidente.

Ao lado deles estão María e Begoña, que cortam cebola para preparar o refogado. A cebola faz a aluna chorar. Begoña brinca com ela em voz alta.

– Ai, María! Mulher, não é para tanto! É horrível vir ao Esclat, mas a ponto de chorar...

Pablo e Juan garantem que sim, que é uma chatice ir ao Esclat, porque precisam madrugar e passam muito trabalho a eles. Os outros colegas também opinam sobre o assunto. Por pouco tempo, enquanto acabam de preparar os pratos, os estudantes e as professoras comentam informalmente as atividades realizadas no Esclat, as que eles faziam na escola, as diferenças entre os dois estabelecimentos e por que eles estão ali. Begoña aproveita a ocasião para mostrar aos alunos os seus progressos, para reafirmar tudo que têm aprendido, quanto cresceram e amadureceram nesse tempo. Feli enriquece os comentários da tutora com exemplos da sua aula prática.

Quando só faltam alguns minutos para acabar a aula, os garotos propõem fazer um café. Feli acha boa a idéia. María e Juan se encarregam de prepará-lo. A cafeteira já está no fogo e a água para o chá também. Juan diz alguma coisa no ouvido da colega. María ri.

– Feli, veja só, ele pensou em cuspir na água. Nesse eu não confio – avisa a garota, morrendo de rir, enquanto Juan a fulmina com o olhar.

Feli, sem se alterar, continua o que está fazendo e comenta:

– Obrigado, Juan, mas você não vai precisar cuspir. Acho que se você puser um pouco de hortelã no chá vai ser perfeito. Mais que isso, vai ser demais.

Os adolescentes que ouvem o comentário de Feli riem e participam da brincadeira. A água está fervendo. Juan coloca as ervas e tampa a panela. Deixa passar três minutos e coa a infusão. María divide o chá em copos e o café em xícaras. Juan pega uma xícara de café e a leva a Begoña, que recentemente comunicou ao grupo estar grávida de dois meses e aceitar todas as expressões de afeto, que nesses dias têm sido da parte dos garotos.

– Onde é que vão cuidar melhor de mim do que no Esclat, onde? – diz ela, depois de dar um beijo estalado em Juan, agradecendo a xícara de café.

– Em lugar nenhum, Begoña. Nós é que cuidamos melhor de você, mesmo que às vezes a incomodemos.

A hora de culinária passa rápido. A torta já está no forno e o espaguete, terminado. Faltam cinco minutos, que Feli aproveita para relembrar a receita e incentivar o grupo a fazer os pratos em casa. Quando pede a Paulo que diga a receita, ele se queixa; não quer que lhe perguntem.

– Mas como é que eu não vou perguntar a você, que é o mais bonito da turma?

Uma intervenção entre a exigência e a acolhida

Por uma questão de espaço, não podemos explicar em detalhe neste artigo os recursos usados pelos educadores do Esclat no trabalho com jovens com queixas de disciplina ou comportamento. Basta dizer que se trata de um sistema complexo em que cada elemento foi comparado na prática diária com esse tipo de grupo.

Não resistimos à tentação de ressaltar um dos aspectos do estilo pedagógico do centro que consideramos mais significativos: a atitude exigente e às vezes afável que os professores demonstram na relação com os alunos e as alunas. Ainda que possam aparecer elementos contraditórios, o Esclat é muito exigente com os alunos e às vezes um ambiente que eles acham caloroso e receptivo. A atuação dos educadores, que sempre contrabalançam os dois pólos, possibilita uma realidade definida por esse contraste.

Ao falar de exigência, referimo-nos tanto a questões de aprendizagem quanto de comportamento. Cada peça e cada trabalho feito nas oficinas são elaborados e acabados com qualidade. Nem tudo é válido. Os jovens percebem logo no primeiro dia esse grau de exigência, e não têm opção senão se acostumar a ela. Mesmo assim, conhecem as normas do centro e os limites que não devem ultrapassar – um dos mais importantes é a agressão a um colega. De fato, são raras as brigas corpo a corpo entre eles. Como é óbvio, só se obtém êxito em ambos os terrenos pondo em prática todo um conjunto de intervenções destinadas a propiciar qualidade no trabalho e boa convivência nas salas de aula.

A atitude exigente implica sempre um ambiente caloroso e confortável. Em primeiro lugar, os espaços em que se realizam as atividades são amplos, luminosos e limpos. Em meio a um terreno bem cuidado, o Esclat oferece a todos os alunos a possibilidade de manter relações próximas e familiares com pessoas da sua idade e com os adultos. Todos os professores conhecem todos os estudantes do centro – um total de quarenta –, sejam ou não da sua turma. Que sirva de exemplo o comentário de um dos alunos que chegara ao centro fazia poucos dias: "Caramba, aqui todos sabem o nome da gente".

O bom humor, uma constante no clima do centro

Uma das perguntas que nos fazíamos enquanto realizávamos o estudo etnográfico era por que os alunos do Esclat riam tanto, ao passo que em outras escolas que tínhamos visitado se ria muito pouco durante as aulas. Questionamos o uso quase constante do humor pelos educadores do Esclat, comparado com a inexistência desse recurso em outros centros que trabalham com alunos da mesma idade. A resposta não demorou a chegar.

Em seguida, percebemos que o senso de humor permitia aos educadores abordar a realidade – dura por si só – de outra maneira, relativizando-a e suavizando-a. Isso os ajudava a se distanciar do que ocorria nas classes, a solucionar situações em que os jovens ficavam tensos e na defensiva, esperando o ataque para atacar. Em diversas ocasiões, as brincadeiras e os disparates trouxeram elementos novos para a solução de um conflito, permitiram enfrentar posturas arraigadas, ajudaram alguns alunos a perder o medo e outros, a assumir alguma falha. Acima de tudo, porém, o senso de humor, o ambiente alegre e as brincadeiras freqüentes proporcionaram aos jovens momentos de proximidade em que eles deram risada, liberando a tensão e mostrando-se de modo mais autêntico. As risadas também serviram para unir o grupo.

A seguir refletiremos sobre isso. Tentaremos mostrar quais são as possibilidades do humor como recurso pedagógico, como atitude para abordar situações complicadas, como predisposição para encontrar a inventividade e a diversão nos momentos de conflito. Queremos ainda transmitir um aspecto que aprendemos no Esclat: que o bom humor dos educadores é contagiante e ajuda os adolescentes difíceis a interpretar a sua história de outra maneira, a relativizar seus problemas, a viver melhor consigo mesmos e com os outros e a levar a própria vida mais a sério.

Propomos e descrevemos adiante cinco usos do humor como recurso pedagógico, cinco modalidades que são fruto da análise das observações colhidas durante os meses em que estivemos no Esclat. Evidentemente, não se trata de uma classificação definitiva. É apenas uma possibilidade de revelar a conduta divertida dos educadores do centro.

Uso do humor como recurso pedagógico

Responder às provocações dos alunos

Essa primeira modalidade diz respeito à capacidade dos educadores de rechaçar os ataques dos jovens, para relativizar os seus comentários afrontosos, reduzindo a tensão em situações que poderiam parecer ameaçadoras.

Durante a nossa estada no Esclat, observamos que alguns alunos perdiam o controle em tarefas que exigiam um esforço maior que o habitual ou com as quais se sentiam incomodados. As dificuldades ao fazer uma peça – uma lâmpada de metal, uma caixa de madeira, uma torta ou uma jarra de cerâmica – podiam provocar raiva e impotência. A resposta imediata era um ataque verbal ou uma ameaça, uma reação impulsiva que se manifestava sem passar pelo filtro da razão.

A intervenção serena dos professores, sua capacidade de se esquivar do insulto com um comentário engraçado e pouco lógico, era entendida de imediato pelo aluno protagonista do conflito. A confusão inicial se transformava em aceitação da tarefa, mesmo que feita com o cenho franzido e sem explicação.

Esse tipo de atitude, que de algum modo neutraliza o insulto, tem a vantagem adicional de desobrigar o jovem de se desculpar por algo que no momento ele não possa aceitar.

A reação de Juanjo, especialista em carpintaria, à provocação de Ismael nos permite ilustrar o que dissemos.

O professor pede a Ismael que pegue outro pedaço de madeira: ele tem de recomeçar o castiçal, que se quebrou quando estava quase pronto. Ismael joga ao chão a peça quebrada.

– Que é, Juanjo, quer brigar, hein? Quer brigar?! – grita ele, aproximando-se do professor com jeito provocador.

– Sim, mas vamos deixar para a hora do café porque agora temos de trabalhar. Depois, se quiser, vamos brigar.

Ismael deixa escapar um sorriso quando vai buscar outro bloco de madeira.

Na aula de informática, Teresa adota a mesma atitude.

– E então, María, como vai a planilha? É fácil?

– Bela merda que você nos deu.

– Ainda bem que eu me consolo sozinha, porque do contrário eu voltaria para casa chorando todo dia – responde Teresa, sentando-se ao lado da garota para rever a planilha. María continua de cara fechada.

Em ambos os casos o comentário do educador acrescentou um elemento imprevisto. Juanjo e Teresa usaram do disparate para transformar o que poderia ter sido uma situação violenta em um encontro prazeroso ou simplesmente um encontro. Os dois professores atenuaram o ataque, neutralizando-o com uma reação ilógica.

Motivar os alunos a participar de uma atividade

A preguiça de alguns estudantes nas tarefas propostas é uma ocorrência que os educadores enfrentam todos os dias. Sempre é preciso ter tempo, paciência e inventividade para motivar o grupo. Em certas ocasiões, o humor ou outros elementos lúdicos ajudam a mexer com o ponto fraco do aluno, a questionar seu amor-próprio, para fazê-lo reagir e participar de uma atividade que só lhe dá tédio.

Beth, a especialista da oficina de cerâmica, não se cansa de apostar com os jovens se eles são ou não capazes de terminar uma peça a contento. Também faz competições entre ela e um dos jovens. Em ambos os casos, a educadora e o adolescente chamam um "árbitro externo" – Begoña ou outro professor – para julgar o resultado. Quando o aluno ganha, ele pode escolher uma peça da oficina elaborada por Beth. Quando perde, deve limpar a oficina por uns dias com a professora. As apostas com Beth sempre geram expectativas nos outros estudantes, que ficam torcendo pela obra do colega.

O trabalho na oficina de carpintaria às vezes envolve o manejo de máquinas pesadas, o que exige o uso de força física. Juanjo recorre sempre ao tema da virilidade para que alguns adolescentes reajam. Em várias ocasiões, comentários como "Para fazer isto é preciso ser muito macho" levaram um rapaz arredio a participar da atividade. E também a expressão "Não tem culhões, hein?", que Juanjo dirige ao garoto prestes a desistir de um trabalho, serve apenas para dissuadi-lo, mudando a sua intenção.

De outras vezes, os comentários engraçados e as atividades lúdicas são usados não tanto para provocar a reação de alguém como para aumentar o interesse do grupo por uma disciplina. Isso tem uma significação especial nas disciplinas fundamentais – língua, matemática e estudo do meio –, nas quais o trabalho manual é menor, ressaltando a atividade escolar, e os adolescentes se sentem mais inseguros e menos motivados. Uma das metas mais difíceis da tutora é conseguir que eles aproveitem o aprendizado.

Begoña tem jogos prontos para temas variados e seleciona material que atraia a atenção dos alunos: canções, piadas, tiras de quadrinhos. Também aproveita qualquer situação para fazer brincadeira.

– Rafa, diga o nome de pelo menos três oceanos.

– Mas eu sei todos. Veja só: o Pacífico, o Atlântico, o "Antartítico", o...

Begoña começa a rir. Rafa olha para ela, desconcertado.

– Vamos ver, Rafa. Pare um instante: como se chama o oceano em que você pensou? – pergunta ela, morrendo de rir.

– Ártico! – grita Mohamed.

– Foi isso que eu disse! – protesta Rafa, inteiramente convencido de ter pronunciado oceano Ártico.

Agora é todo o grupo que ri. Begoña pede a Rafa que continue, "mas desta vez sem incluir o Antartítico". Mais risadas, também de Rafa.

A irrupção de risadas nas aulas sempre provoca um alívio, uma possibilidade de liberar a tensão acumulada. Rir é fazer um parêntese na rotina e na chateação. O riso coletivo – os momentos destinados ao riso com os outros – é também um bom recurso para unir o grupo, para estreitar os laços afetivos entre seus membros.

Mostrar desaprovação e apontar as condutas incorretas

Nessa terceira modalidade, o humor é usado como arma para manifestar desaprovação, corrigir uma conduta errada, reprovar uma grosseria ou impor um castigo. O educador emprega a ironia, o exagero, o jogo de palavras ou outro recurso humorístico para advertir o aluno de que a sua conduta não é correta e não será tolerada e de que ele deve mudar de atitude imediatamente.

O desgaste de energia que significa para os educadores reclamar constantemente dos adolescentes e a baixa eficácia desse tipo de comentário são o argumento principal para que se tenha senso de humor nas ocasiões em que prevalece o mau comportamento dos jovens. Nas nossas observações, detectamos pelo menos três variantes nessa modalidade: na primeira, o humor é usado para ajudar o adolescente a perceber um fato óbvio; na segunda, para impor um castigo; na terceira, para ridicularizar a conduta de um jovem.

Na oficina de carpintaria, encontramos um exemplo de comentário divertido para ajudar Juan a entender que ele estava errado.

Begoña lembra Juan de que a tal hora ele deve ir à escola porque tem encontro marcado com o seu tutor. O garoto não está com vontade de ir e se queixa.

– Só porque esse cara quer me ver eu é que tenho de ir à escola?

– Não, Juan... Como é que pode você se deslocar até a escola? Quem é da escola que venha buscá-lo de limusine, pois assim você preserva a sua comodidade e não se cansa.

Juan fica vermelho, mas ri do comentário da professora.

Os castigos, a reparação dos erros e as chamadas à atenção para que o jovem faça o que lhe é atribuído naquele momento também podem ser abordados com comentários irônicos. Um castigo nem sempre é precedido de uma bronca.

Mohamed cuspiu na entrada do Esclat. Marcelo e Feli, dois educadores, chegam nesse momento.

– Que houve, Mohamed, para você babar? – pergunta Marcelo em tom irônico, enquanto Feli vai buscar a vassoura e a entrega ao garoto.

– Vamos, deixe o chão bem limpinho – ordena a educadora.

Mohamed protesta, ofendido:

– Os outros fazem a mesma coisa e não acontece nada, mas comigo vocês brigam.

– Não, rapaz, não. Não estou brigando com você. Mas me incomoda não aproveitarmos a sua cortesia de deixar o piso brilhando, porque está muito sujo já faz dias.

Mohamed pega a vassoura a contragosto e se põe a varrer o piso. Os colegas zombam dele discretamente. Feli se vira e diz:

– Se vocês estão achando tanta graça e um dia desses quiserem ver o piso brilhante, já sabem o que fazer: cuspir.

O uso do humor para ridicularizar uma conduta é sem dúvida mais delicado. O jovem é vencido no seu campo quando se torna praticamente impossível mudar o comportamento dele. Os educadores usam sempre esse recurso nas ocasiões em que o garoto adota uma atitude tirânica, prepotente e desrespeitosa, ainda mais quando consegue a adesão do grupo.

Os dois exemplos que apresentamos a seguir referem-se a situações em que uma educadora colocou um aluno na berlinda, ridiculizando-o em público.

Kike faz comentários grosseiros sobre relações sexuais. Fala em voz baixa, e os colegas sentados perto dele não param de rir. Feli, que esperou em vão que a conversa parasse por si só, acaba intervindo.

– Kike, sossegue, de verdade. É que você não amadureceu o suficiente. Mas vai chegar lá. Uns amadurecem mais cedo; outros, mais tarde. Você vai ser desses últimos. Mas tome cuidado para não chegar aos 80 em plena puberdade.

O segundo exemplo ocorreu no começo da manhã de segunda-feira.

Manuel se gaba dos seus delitos do fim de semana. Os colegas se interessam pelo assunto e lhe perguntam os detalhes dos furtos que ele diz ter cometido.

– Cara, você é um ladrão! – exclama Andrés, com admiração.

– A palavra certa não é "ladrão". É "fanfarrão", e quer dizer que ele só se gaba, mas inventa a maior parte do que diz.

Depois Begoña se dirige a Manuel: "Você vai ter de se gabar é da torta de maçã que você vai fazer amanhã, não dessas bobagens".

Aquisição de traquejo social

A falta de traquejo social é uma característica das pessoas mal-adaptadas. A resposta agressiva, tão freqüente em alguns jovens, preocupa os educadores. No entanto, o repertório de condutas alternativas e pouco convencionais leva a pensar na possibilidade de encontrar comportamentos mais "normais". Mesmo reconhecendo essa realidade, também deveríamos relativizar certas condutas que não são aceitas socialmente mas têm grande aceitação nos locais freqüentados pelos jovens.

Os adolescentes que recorrem ao Esclat demonstram ter as características mencionadas: os insultos são usados como expressão de camaradagem, eles falam aos gritos e não param de dizer palavrões. Os educadores não consideram essas manifestações um problema especialmente grave – aliás, são bastante tolerantes com elas. Entretanto, são intransigentes com o comportamento violento ou a agressão. Agem imediatamente e castigam quem provocou a briga. A diferenciação de certos comportamentos parece ser uma forma eficaz de concentrar a energia no que realmente importa e deixar para outro momento as informações que podem esperar.

Nos meses em que participamos do programa pudemos observar que Begoña, a tutora, aproveitava situações cotidianas para experimentar respostas afirmativas e socialmente eficientes. Chamaram a atenção a sua capacidade de improvisar exercícios para treinar a conduta social e a sua inventividade em fazer os adolescentes praticá-los com naturalidade, sem se sentir ridículos nem ser violentos. Damos a seguir um exemplo ocorrido na oficina de carpintaria.

– Begoña, desenha as letras para mim! – grita Kike de uma ponta da classe.

A tutora se dirige para onde está Kike e, com um tom de voz bem mais baixo que o usado por ele, diz:

– Com esses gritos e essa exigência não vou desenhá-las para você.

Begoña espera que Kike olhe para ela e continua:

– Tente de novo. Vamos ver se agora você pede direito.

O garoto olha para Begoña um pouco assustado – achou que não tinha gritado tanto como a educadora disse. Juanjo, que percebe o bloqueio de Kike, imita o comportamento dele, mas exagerando os gritos e o tom autoritário.

– Begoña, Begoña! Me desenha as letras!

Todos riem. Kike sorri, um pouco envergonhado.

– Por favor, Begoña, você pode desenhar as letras para mim? – diz ela em seguida, num tom agradável.

– Vamos Kike, tente. Você vai ver que sabe pedir direito – torna a pedir a professora.

Kike repete a frase moderando a voz, mas olhando para o chão.

– Muito bem, Kike, e se agora você disser o mesmo olhando para os meus olhos será ótimo – insiste Begoña, que agora atenta para a linguagem corporal do garoto.

– Não, Begoña, me dá vergonha – responde Kike com um sorriso tímido e sem se atrever a olhar para ela.

– Mas como você pode ter vergonha de fazer as coisas corretamente? O que deveria dar vergonha é gritar – afirma Juanjo.

– Vamos, Kike, peça olhando-me nos olhos – insiste Begoña docemente.

Os outros jovens deixaram as peças de lado e esperam a reação de Kike. Finalmente o garoto vence a timidez e repete a frase olhando para o rosto de Begoña. Quando termina, todos sorriem; ninguém faz gozação.

– Traga aqui que vou desenhar para você as letras mais bonitas do mundo! – responde Begoña com um sorriso aberto.

Mostrar afeto pelos alunos

O último uso do senso de humor que notamos tem por objetivo mostrar afeto e permitir uma relação próxima. Talvez seja o mais usado por Begoña, a tutora do grupo, que costuma comemorar os progressos, apontar os êxitos obtidos e demonstrar afeto pelos garotos.

Os professores aproveitam um comentário divertido para dizer a um jovem que ele é muito querido e que a sua participação no grupo é motivo de grande alegria. E também para deixar à vontade um adolescente que é novo no centro e se sente deslocado, ou para animar alguém que esteja triste.

Trata-se, sem dúvida, de intervenções que servem para aumentar a auto-estima dos jovens, fazendo-os sentir-se importantes e necessários no programa. Queremos ressaltar a repercussão que esses comentários têm nos jovens pouco acostumados às demonstrações de afeto e ao reconhecimento das suas capacidades pelos adultos. Sobretudo nas primeiras semanas no centro, os estudantes não sabem reagir a um elogio em público, a uma brincadeira acompanhada de um abraço ou a um comentário positivo que os torne o centro de atenção do grupo. O interesse de alguém por eles é uma experiência intensa, que modifica substancialmente a atitude de alguns adolescentes.

Andrés mostra a Beth um desenho que ele fez. É a cara de um gato. Beth passou aos alunos um esquema com as proporções e as dimensões de cada parte do desenho. Os estudantes deviam seguir essas dicas na hora de desenhar.

– Falta o principal: a assinatura do artista – diz Beth, depois de olhar detidamente o desenho e elogiá-lo.

– De que artista? – pergunta o garoto, surpreso.

– De que artista pode ser? Do que fez o desenho: você.

– Beth, que bobeira. Não sou artista – contesta Andrés, menosprezando o comentário de Beth.

– Ah, não? E por quê?

A professora e o aluno discutem por um instante o que é e o que não é ser artista. Diante da insistência de Andrés na questão da fama, Beth retruca:

– Claro, esses são artistas famosos. Mas nesta classe todos somos artistas porque criamos obras de arte, e algumas muito bonitas. Como este desenho. Vamos, assine, que daqui a uns anos vai valer milhões.

Andrés volta ao seu lugar e faz uma assinatura descomunal na parte de baixo do desenho.

Para encerrar

Nestas páginas, descrevemos rapidamente alguns dos usos que os educadores do Esclat fazem do humor, das brincadeiras e de comentários divertidos. Sem dúvida, trata-se de usos definidos por nós, os observadores. O humor está tão integrado à vida cotidiana do centro que nenhum professor ou professora tem grande consciência do uso dele ou da finalidade das brincadeiras. Simplesmente brincam com muita freqüência. Intuem que isso contribua para criar um ambiente amistoso, que beneficie a todos, alunos e professores. Para que mais serviriam?

Com nossa contribuição, tivemos a intenção de ajudar a imaginar algumas intervenções educativas que se apresentam na forma de brincadeira, comentário cômico ou disparate. São tão sérias e eficazes quanto qualquer outra. A adolescência é quase por definição uma etapa de transição em que nada parece funcionar corretamente, porque todas as esferas da vida se transformam. Cada nova realização é precedida de uma crise que o adolescente enfrenta como pode, com ou sem a ajuda dos que o rodeiam. Os adultos que trabalham com essa faixa etária conhecem bem a chamada "crise da adolescência" vivendo e sofrendo os desafios que o seu trabalho educacional lhes impõe. Quando esses adolescentes levam um adjetivo – difíceis, desadaptados, problemáticos, rebeldes, irascíveis –, os docentes assumem novos desafios que devem ser enfrentados com recursos, procedimentos e sensibilidade diferentes.

Não basta ter senso de humor, mas ele talvez seja imprescindível no momento de abordar o acompanhamento de jovens que por algum motivo não têm um histórico escolar regular nem participam de ambientes sociais tradicionais. Os educadores do Esclat nos ensinaram que provocar o riso em todos ajuda-os a sentir-se parte de uma coletividade, o que tem efeitos contrários aos comportamentos agressivos e é um antídoto contra o ódio.

Finalizamos com o que poderia ser uma máxima do centro: "É difícil odiar uma pessoa com quem demos muita risada".

Referências bibliográficas

HOLDEN, R. *La risa. La mejor medicina. El poder curativo del buen humor y la felicidad.* Barcelona: Paidós, 1998. [Edição brasileira: *Rir ainda é o melhor remédio.* São Paulo: Butterfly, 2005.]

RUÍZ IDÍGORAS, A. (org.). *El valor terapéutico del humor.* Bilbao: Desclée de Brower, 2002.

WALEE, S.; FRY, W. F. *El humor y el bienestar en las intervenciones clínicas.* Bilbao: Desclée de Brower, 2004.

Teste seu poder de inclusão

Maria Teresa Eglér Mantoan

Caro(a) professor(a):

A inclusão tem nos preocupado muito, não é mesmo? Cada um diz uma coisa. Ora são os pais, ora os especialistas, ora os médicos, além da televisão, dos congressos, dos cursos, dos livros em geral, que nos afligem, despencando na nossa cabeça todas as responsabilidades por uma virada do avesso das escolas. A gente fica desnorteado(a) com tantas idéias, argumentos, novidades.

E quase sempre sobra para a sala de aula, para o(a) professor(a) a parte mais difícil, não é mesmo? Mudar as práticas escolares aprendidas com tanto custo é um desafio daqueles! Muitos acham que os(as) professores(as) são resistentes, acomodados(as), apegados(as) aos nossos velhos hábitos de trabalho. Seriam mesmo?

Teste, então, o seu poder de inclusão! Faça um *checape inclusivo*.

O exame é simples, despretensioso, mas poderá ser útil e alertar para o risco que corremos de contaminar outros colegas com o *vírus da exclusão*, que parece ser endêmico em nossas escolas.

Os sintomas que denunciam esse estado doentio de muitos de nós são:

- Febre e outros distúrbios que denotam um combate ao que é novo e invade a sala de aula e a maneira conservador de atuar nela.
- Arrepios ao pensar que é preciso mudar as nossas atitudes diante das diferenças.

- Congestão de práticas especializadas.
- Dores de cabeça para diversificar o ensino.
- Problemas de coluna ao carregar o peso de mais alunos (e com problemas bem mais graves do que os habituais...).
- Mal-estar de estômago, ao ouvir o que a inclusão acarreta de novidades na avaliação da aprendizagem.
- Um cansaço generalizado advindo da participação nos encontros de formação sobre inclusão.
- Outros sintomas derivados desses todos e que dependem do estado de saúde educacional e do estado do sistema imunológico de cada um, para enfrentar o referido vírus!

Para esse breve exame, as regras são:

1. Colocar-se na condição dos professores(as) que aqui apresentaremos.
2. Escolher a alternativa que você adotaria em cada caso, mas sem pensar muito, respondendo com o que vem mais rápido à cabeça.
3. Descobrir e aprender mais sobre si mesmo(a).

Responda às questões e confira:

1- A professora Sueli procura incluir um aluno com deficiência mental em sua turma de 1ª série. Tudo caminha bem em relação à socialização desse educando, mas diante dos demais colegas o atraso intelectual do aluno é bastante significativo.

Nesse caso, como você resolveria a situação?

(A) Encaminharia o aluno para o atendimento educacional especializado oferecido pela escola?

(B) Solicitaria a presença de um professor auxiliar ou itinerante para acompanhar o aluno em sala de aula?

(C) Esperaria um tempo para verificar se o aluno tem condições de se adaptar ao ritmo da classe ou precisaria de uma escola ou classe especial?

2- Júlia é uma professora de escola pública que há quatro anos leciona na 2ª série. Há um fato que a preocupa muito atualmente: o que fazer com alguns de seus alunos, que estão cursando pela terceira vez aquela série?

Para acabar com suas preocupações, qual seria a melhor opção?

(A) Encaminhá-los a uma sala de alunos repetentes, para ser mais bem atendidos e menos discriminados?

(B) Propor à direção da escola que esses alunos sejam distribuídos entre as outras turmas de 2ª série, formada por alunos mais atrasados?

(C) Reunir-se com os professores e a diretora da escola e sugerir que esses alunos se transfiram para turmas da mesma faixa etária e até mesmo para as classes de Educação de Jovens e Adultos (EJA), caso algum já esteja fora da idade própria do ensino fundamental?

3- Cecília é uma adolescente com deficiência mental associada a comprometimentos físicos; ela está freqüentando uma turma de 3ª série do ensino fundamental, na qual a maioria dos alunos é bem mais nova do que ela. A professora percebeu que Cecília está desinteressada pela escola e muito apática.

Qual a melhor saída, na sua opinião, para resolver esse caso?

(A) Chamar os pais de Cecília e relatar o que está acontecendo, sugerindo-lhes que procurem um psicólogo para resolver o seu problema?

(B) Avaliar a proposta de trabalho dessa série, em busca de novas alternativas pedagógicas?

(C) Concluir que essa aluna precisa de outra turma, pois a sua condição física e seus problemas psicológicos prejudicam o andamento escolar dos demais colegas?

4- Numa 2ª série de ensino fundamental, em que há alunos com deficiência mental e outros com dificuldades de aprendizagem, mas por outros motivos o professor Paulo está ensinando as operações aritméticas. Esses alunos não conseguem acompanhar o restante da turma na aprendizagem do conteúdo proposto.

O que você faria, se estivesse no lugar do professor Paulo?

(A) Reuniria esse grupo de alunos e lhes proporia as atividades facilitadas do currículo adaptado de matemática?

(B) Distribuiria os alunos entre os grupos formados pelos demais colegas e trabalharia com todos, de acordo com suas possibilidades de aprendizagem?

(C) Aproveitaria o momento das atividades referentes a esse conteúdo para que esses alunos colocassem em dia outras matérias do currículo, com o apoio de colegas voluntários?

5- Fábio é um aluno com autismo que freqüenta uma turma de 3ª série. É o seu primeiro ano em uma escola comum e ele incomoda seus colegas, perambulando pela sala e interferindo no trabalho dos grupos.

Que decisões você tomaria para resolver a situação, caso fosse o(a) professor(a) desse grupo?

(A) Solicitaria à direção da escola que retirasse Fábio da sala, pois o seu comportamento está atrapalhando o desempenho dos demais alunos e o andamento do programa?

(B) Marcaria uma reunião com o coordenador da escola e solicitaria uma avaliação e o encaminhamento desse aluno para uma classe ou uma escola especial?

(C) Reuniria os alunos e proporia um trabalho conjunto com a turma em que todos se comprometeriam a manter um clima de relacionamento cooperativo de aprendizagem na sala de aula?

6- Guilherme é uma criança que a escola chama de "hiperativa". Ele gosta muito de folhear livros de histórias. Ocorre que freqüentemente rasga e/ou suja as páginas dos livros, ao manuseá-los sem o devido cuidado.

O que você lhe diria, caso fosse seu(sua) professor(a)?

(A) "Hoje você não irá ao recreio, porque rasgou e sujou mais um livro."

(B) "Vou ajudá-lo a consertar o livro, para que você e seus colegas possam ler esta linda história."

(C) "Agora você vai ficar sentado nesta mesinha, pensando no que acabou de fazer."

7- Norma é professora de uma 4ª série de ensino fundamental e acabou de receber um aluno cego em sua turma. Ela não o conhece bem, ainda. No recreio, propõe à turma um jogo de queimada. É nesse momento que surge o problema: o que fazer com Paulo, o menino cego?

Arrisque uma *"solução inclusiva"* para esse caso.

(A) Oferecer-lhe outra atividade, enquanto os demais jogam queimada, fazendo-o entender o risco a que esta atividade o expõe e a responsabilidade da professora pela segurança e integridade de todos os seus alunos.

(B) Perguntar ao Paulo de quais jogos e esportes ele tem participado e se ele conhece as regras da queimada.

(C) Reunir a turma para resolver a situação, ainda que na escola não exista uma bola de meia com guizos.

8- Maria José é professora de escola pública e está às voltas com um aluno de sua turma de 5ª série. Ele tem 12 anos, é muito agressivo e mal-educado, desbocado e desobediente e não se submete à autoridade dos professores nem à das demais pessoas da escola; sempre arruma uma briga com os colegas, dentro da sala de aula, ameaçando-os com um estilete.

O que você faria no lugar dessa professora aterrorizada?

(A) Estabeleceria novas regras de convivência entre todos e, em seguida, analisaria com a turma os motivos que podem nos levar a agir com violência?

(B) Enfrentaria as brigas, retirando o aluno da sala de aula e entregando-o à direção da escola?

(C) Tentaria controlar essas situações, exigindo que o menino entregasse o estilete, para que os demais alunos se acalmassem?

9- Sérgio é um aluno surdo. Ele tem 13 anos de idade e freqüentou, até o momento, uma escola de surdos. Esse aluno está no seu primeiro dia de aula em uma escola comum.

A professora, percebendo que Sérgio não fazia leitura labial, procurou a diretora da escola para questionar a admissão desse aluno em sua turma, uma vez que ele não sabe se comunicar em Libras (Língua Brasileira de Sinais).

Se você fosse a professora de Sérgio, antes de tomar essa atitude:

(A) Chamaria os pais desse aluno e os convenceria de que a escola de surdos era mais apropriada para as necessidades dele?

(B) Procuraria saber quais as obrigações e direitos desse aluno e buscaria o recurso adequado à continuidade de seus estudos na escola comum?

(C) Providenciaria a presença de um intérprete de Libras, solicitando um convênio com uma entidade local especializada em pessoas com surdez?

Conte os pontos e confira o seu poder de inclusão, ou melhor, a sua imunidade ao vírus da exclusão:

1 a) 3   b) 2   c) 1
2 a) 1   b) 2   c) 3

3	a) 2	b) 3	c) 1
4	a) 1	b) 3	c) 2
5	a) 1	b) 2	c) 3
6	a) 1	b) 3	c) 2
7	a) 1	b) 2	c) 3
8	a) 3	b) 1	c) 2
9	a) 1	b) 3	c) 2

Resultado

De 27 a 23 pontos
Imune à exclusão!
Você está apto a enfrentar e vencer o vírus da exclusão, pois já entendeu o que significa uma escola que acolhe as diferenças, sem discriminações de qualquer tipo. Compreendeu também que a inclusão exige que os professores atualizem suas práticas pedagógicas para que possam oferecer um ensino de melhor qualidade a todos os alunos. Parabéns! Não se esqueça, porém, de que o atendimento educacional especializado deve ser assegurado a todos os alunos com deficiência, como uma garantia da inclusão.

De 22 a 16 pontos
No limite. Você precisa se cuidar!
Atenção, pois você está vivendo uma situação de fragilidade em sua saúde educacional. Cuidado! É preciso que você tome uma decisão e invista na sua capacidade de se defender do vírus da exclusão. Quem fica indeciso entre enfrentar o novo, no caso, a inclusão de todas as crianças nas escolas comuns, ou incluir apenas alguns, ou seja, os alunos que conseguem acompanhar a maioria, está vivendo um momento difícil e perigoso. Você está comprometendo a sua capacidade de ensinar e a possibilidade dos alunos de aprender com alegria!

De 15 a 9 pontos
Altamente contaminado.
Tome todas as providências para se curar dos males que o vírus

da exclusão lhe causou. Há muitas maneiras de se cuidar, mas a que recomendamos é um tratamento de choque, porque o estrago é grande! Você precisa, urgentemente, se tratar, mudando de ares educacionais, tomando injeções de ânimo para adotar novas maneiras de atuar como professor(a). Outra medicação recomendada é uma alimentação sadia, muito estudo, troca de idéias, experimentações, ousadia para mudar o seu cardápio pedagógico. Tente colocar em prática o que tem dado certo com outros que se livraram desse vírus tão voraz e readquira o seu poder de profissional competente. Boa recuperação!

"Pérolas" falsas ou verdadeiras?

Como distingui-las, quando o assunto é a inclusão de alunos com deficiência nas escolas comuns?

Marque *verdadeiro* ou *falso* e descubra se você é ou não um(a) professor(a) inclusivo(a).

Não seja mais um(a) excluído(a) da escola!

1. As escolas especiais vão acabar, se até os alunos com deficiências graves forem incluídos nas escolas comuns.

   Verdadeiro ( ) Falso ( )

2. Sem uma preparação anterior e sem conhecimento de como se ensinam os alunos com diferentes tipos de deficiência, mental, física, auditiva etc., o(a) professor(a) de escola comum não poderá aceitar esses alunos em suas salas de aula.

   Verdadeiro ( ) Falso ( )

3. Os currículos adaptados não são indicados a alunos com deficiência quando incluídos em turmas comuns de ensino fundamental.

   Verdadeiro ( ) Falso ( )

4. Alunos com grandes comprometimentos físicos, mentais, surdez profunda e outros não podem ser incluídos em escolas comuns de educação infantil, ensino fundamental e ensino médio.

   Verdadeiro ( ) Falso ( )

5. O ensino especial é garantia da inclusão escolar de alunos com deficiência.

   Verdadeiro ( ) Falso ( )

6. A escola especial não tem como fim substituir o ensino que é ministrado nas escolas comuns.

   Verdadeiro ( ) Falso ( )

7. Diversificar o ensino para alguns alunos, como os que têm uma deficiência ou problemas de aprendizagem, não é indicado para que a inclusão escolar desses alunos aconteça.

Verdadeiro ( ) Falso ( )

8. A escola que não se sentir preparada pode se negar a receber determinados alunos que tenham uma deficiência.

Verdadeiro ( ) Falso ( )

9. O(a) professor(a) deve reconhecer e valorizar diferentes níveis de compreensão nas respostas de seus alunos (com e sem deficiência) a uma mesma pergunta.

Verdadeiro ( ) Falso ( )

10. Não é porque o(a) professor(a) ensinou que o aluno deve, automaticamente, aprender. Os alunos com deficiência aprendem como os demais colegas, construindo ativamente o conhecimento.

Verdadeiro ( ) Falso ( )

Respostas

1. Falso
Porque as escolas especiais têm a função de complementar (não substituir) o ensino de pessoas com deficiência, incluídas nas escolas comuns, por meio *do atendimento educacional especializado*. Esse atendimento é completamente diferente do ensino escolar e deverá ser oferecido, preferencialmente, nas escolas comuns. Mas nada contra o fato de ele ser também oferecido em escolas especiais.

2. Falso
Porque os(as) professores(as) comuns não são responsáveis pelo ensino de conteúdos especializados para cada tipo de deficiência (código braile, orientação e mobilidade, uso de tecnologia assistiva, ensino de Libras e de português como segunda língua dos surdos etc.), que são da competência dos(as) professores(as) do ensino especial. Aos professores e professoras do ensino regular

compete apenas o ensino dos conteúdos curriculares. Os alunos com e sem deficiência aprendem todos juntos esses conteúdos, quando as práticas escolares não são excludentes.

3. Verdadeiro
Porque em uma escola inclusiva não se discriminam os alunos com deficiência oferecendo-lhes atividades facilitadas, que têm objetivos limitados e são diferentes das oferecidas aos seus colegas. As atividades devem ser diversificadas para que todos os alunos possam escolhê-las e realizá-las, livremente.

4. Falso
Porque pela Constituição de 1988 todos os(as) brasileiros(as), incondicionalmente, têm direito à educação, dos 7 aos 14 anos, faixa etária em que o ensino escolar é obrigatório. Não há nada que impeça esses alunos de freqüentar as escolas comuns, em todas as etapas do ensino básico e no ensino de nível superior. Todos nós aprendemos vivendo a experiência da diferença entre colegas de turma!

5. Verdadeiro
Porque a nossa Constituição, que garante o ensino regular a todos os brasileiros, também assegura aos alunos com deficiência o *atendimento educacional especializado*. Esse atendimento é complementar e diferente do que é ensinado nas salas de aula comuns e oferecido por professores do ensino especial – uma modalidade que não substitui o ensino regular.

6. Verdadeiro
Insistimos nessa situação, porque precisamos ter muito claro que as escolas especiais não devem continuar ministrando ensino escolar especializado, como acontece habitualmente. Elas podem, contudo, dedicar-se à prestação do *atendimento educacional especializado*.

7. Verdadeiro
Porque em uma escola inclusiva o(a) professor(a) não diversifica o ensino, mas as atividades que propõe a todos os alunos, com e sem deficiência, na sala de aula.

8. Falso
Porque pela nossa Constituição não se pode negar ou fazer cessar matrícula escolar de qualquer aluno, especialmente quando o motivo é a deficiência.

9. Verdadeiro
Porque, ao contrário do que a maioria dos(as) professores(as) pensa, ensinar é um ato coletivo e aprender é um ato individual e intransferível. Com isso queremos dizer que não se pode exigir que todos aprendam dado conhecimento, igualmente, e pelos mesmos caminhos. As respostas de uma turma de alunos refletem esses caminhos do saber que são singulares, próprios de cada um de nós e, portanto, devem ser reconhecidos e valorizados nas suas diferenças.

10. Verdadeiro
Porque ensinar é disponibilizar o conhecimento da melhor maneira possível, para que os alunos aprendam e tenham garantido o seu "lugar de saber" na escola, conquistado com esforço próprio, interesse e desejo de conhecer cada vez mais!

Resultados

De 7 a 10 pontos: **Primeira chamada**
Parabéns! Você, certamente, procura estar em dia com seus conhecimentos educacionais e é um(a) profissional que se empenha no sentido de colocar em prática o que aprende de novo, vencendo os desafios escolares, entre os quais a inclusão de alunos com deficiência nas escolas comuns. Continue assim e contagie os(as) colegas com seu sucesso!

De 4 a 6 pontos: **Lista de espera**
Procure dedicar-se mais a esse estudo, lendo, pesquisando, participando de encontros de professores, fóruns de educação inclusiva, Conselhos de pessoas com deficiência de sua cidade etc. Você não deve ficar à margem do que está acontecendo de novo na educação, pois pode perder o trem do futuro. Não

fique mais nessa lista, pois nem sempre estará garantido o seu lugar na escola inclusiva.

Menos de 4 pontos: **Reprovação!!!!!**
Procure ler mais, informar-se sobre os direitos das pessoas com deficiência à educação inclusiva. O(a) professor(a) tem obrigação de conhecer o assunto.

Sobre os autores

A ORGANIZADORA

Valéria Amorim Arantes

Psicóloga e doutora em Psicologia pela Faculdade de Psicologia da Universidade de Barcelona (Espanha), é docente da graduação e da pós-graduação da Faculdade de Educação da Universidade de São Paulo, e coordenadora do Ciclo Básico de todos os cursos da USP Leste. Organizadora do livro *Afetividade na escola: alternativas teóricas e práticas* (Summus, 2003) e coordenadora da coleção Pontos e Contrapontos, também da Summus.

OS AUTORES

Jean Lauand

Nasceu em 1952, em São Paulo. Desde 1981 é professor de Filosofia e História da Educação na Faculdade de Educação da USP, onde fez mestrado, doutorado, livre docência e alcançou o posto de professor titular em 2000. É também professor investigador do Instituto Jurídico Interdisciplinar da Universidade do Porto. Autor de diversos livros e traduções, no Brasil e no exterior, publicou pela Martins Fontes: *Cultura e educação na Idade Média* (1998); *S. Tomás de Aquino: a prudência - a virtude da decisão certa* (2005); *Tomás de Aquino: sobre o ensino & os sete pecados capitais* (2. ed., 2004). Preside o Centro de Estudos Medievais Oriente e Ocidente do Departamento de Filosofia e

Ciências da Educação da Faculdade de Educação da USP, e dirige revistas do CEMOrOc, editadas em parceria com diversas universidades públicas européias:
<http://www.hottopos.com> <http://www.hottopos.com/4.htm>

João Batista Freire

É mestre em Educação Física pela Escola de Educação Física da USP e doutor em Psicologia pelo Instituto de Psicologia da Universidade de São Paulo, além de livre-docente pela Universidade Estadual de Campinas (Unicamp), onde é professor aposentado. É professor, também, da Universidade do Estado de Santa Catarina, onde desenvolve e orienta pesquisas de iniciação científica e mestrado. É autor de vários livros, entre eles: *O jogo: entre o riso e o choro* (Autores Associados, 2002), *De corpo e alma* (Summus, 1991), *Educação de corpo inteiro* (Scipione, 1989), *Educação como prática corporal* (Scipione, 2003), *Pedagogia do futebol* (Autores Associados, 2001), além de inúmeros artigos científicos e capítulos de livros.

Joan Fortuny

É poeta, psicólogo e professor de Psicologia da Universidade de Barcelona (Espanha). Seus trabalhos de investigação em Psicologia estão centrados fundamentalmente no diagnóstico infantil, no desenho e no jogo simbólico. Como poeta, publicou vários livros de poesia. *Temps d'enyor i de convit* é seu último livro. Sobre a criação poética, publicou dois ensaios: "El acto poético como hallazgo del otro yo" e "El acto poético como deseo y conocimiento".

José Sterza Justo

É psicólogo, formado pela Unesp (*campus* de Assis), mestre em Psicologia da Educação e doutor em Psicologia Social pela Pontifícia Universidade Católica de São Paulo. Atualmente é professor livre-docente, em regime de dedicação integral e exclusiva, do Curso de Psicologia e do Programa de Mestrado em Psicologia da Unesp–*Campus* Assis. Publicou em co-autoria os livros *Lugares da infância* (1997) e *Estraté-*

gias de controle social (2004), ambos pela Arte & Ciência. Participou como autor de capítulos dos livros *Introdução à psicologia da educação*, organizado por Kester Carrara (Avercamp, 2004), e *Criatividade: psicologia, educação e conhecimento do novo*, organizado por Mário Sérgio Vasconcelos (Moderna, 2001).

Maria Lúcia de Oliveira

É psicóloga, especialista em Psicologia Clínica, mestre e doutora em Psicologia Clínica pela PUC de São Paulo, docente do Departamento de Psicologia da Educação e do Programa de Pós-Graduação em Educação Escolar na Unesp (Araraquara), e coordenadora do Grupo de Pesquisa "Psicanálise e Educação", pelo CNPq, e do Projeto de Atenção ao Desenvolvimento do Educador, de 2001 a 2005, na Unesp.

Mário Sérgio Vasconcelos

É professor dos cursos de graduação e pós-graduação em Psicologia da Unesp (*campus* de Assis), mestre em Psicologia Social pela PUC de São Paulo e doutor em Psicologia Escolar pelo Instituto de Psicologia da USP, pós-doutor em Processos Cognitivos pela Universidade de Barcelona. Sua linha de pesquisa é "Psicologia do Desenvolvimento e Infância e Realidade Brasileira". É autor do livro *A difusão das idéias de Piaget no Brasil* (Casa do Psicólogo, 1996), organizador e co-autor do livro *Criatividade: psicologia, educação e conhecimento do novo* (Moderna, 2001) e co-autor, entre outros, dos livros *Piaget 100 anos* (Cortez, 1997), *Formação de educadores: desafios e perspectivas* (Unesp, 2003) *e Brincar, diversidade e inclusão* (Lesde, 2004).

Maria Teresa Eglér Mantoan

É pedagoga e doutora em Educação. Coordena o Laboratório de Estudos e Pesquisas em Ensino e Diversidade (Leped), na Faculdade de Educação da Unicamp, onde é professora do curso de Pedagogia e do Programa de Pós-Graduação em Educação. Seus estudos relativos à inclusão escolar são pioneiros e precursores dessa idéia, na educação brasileira. Esse é o tema sobre o qual tem escrito e trabalhado nos últimos dez anos de sua carreira acadêmica e profissional. Escreveu livros, artigos científicos, e dedica-se intensamente a propagar a educação escolar como direito indisponível e incondicional de todos os alunos, sem discriminações e restrições de qualquer tipo, em todos os níveis de ensino.

Xus Martín

É doutora em Educação e professora titular do Departamento de Teoria e História da Educação da Universidade de Barcelona, onde ministra disciplinas sobre educação moral e educação em valores. Participou de inúmeros cursos de formação de professores e projetos de assessorias às escolas. É membro do Grupo de Investigação em Educação Moral (Grem) da Universidade de Barcelona, desenvolvendo os seguintes trabalhos de investigação: elaboração de materiais sobre educação moral, a escola como comunidade democrática, a ação de tutoria, a pedagogia de projetos e a metodologia de aprendizagem-serviço. Algumas de suas publicações coletivas são: *Democracia e participação escolar* (Moderna, 2000), *L'educación moral en la escuela: teoría y práctica* (Edebé, 2000) e *Tutoría: técnicas, recursos y actividades* (Alianza, 2004).

leia também

COMO FALAR PARA O ALUNO APRENDER
Adele Faber e Elaine Mazlish

Das mesmas autoras de *Como falar para seu filho ouvir e como ouvir para seu filho falar*, este livro traz sugestões para os problemas de comunicação entre alunos, professores e pais. De forma leve e divertida, analisa as situações mais recorrentes de dificuldades escolares. As autoras demonstram que grande parte desses problemas pode ser solucionada ou encaminhada mudando-se a forma de comunicação entre as partes envolvidas.
REF. 10866   ISBN 85-323-0866-X

A ESCOLA COMO ESPAÇO DE PRAZER
Icléia Rodrigues de Lima e Gomes

Uma análise do cotidiano dos adolescentes e adultos nas escolas, focalizando comportamentos corporais, gestuais e "ritualísticos" como aspectos de uma inter-relação não-verbal. Mostra as formas como a escola disfarça, ignora ou desvirtua as manifestações corporais dos alunos e como estes resistem, fazendo do encontro escolar uma experiência de prazer.
REF. 10698   ISBN 85-323-0698-5

O PROFESSOR QUE NÃO ENSINA
Guido de Almeida

Uma análise do conteúdo semântico de redações de professores e de especialistas em educação. É um levantamento bem-humorado da ideologia educacional brasileira. Leitura obrigatória para os que atuam na área de educação e ensino, em especial para os envolvidos na formação de professores.
REF. 10242   ISBN 85-323-0242-4

A CANÇÃO DA INTEIREZA
UMA VISÃO HOLÍSTICA DA EDUCAÇÃO
Clodoaldo Meneguello Cardoso

Pensar em uma nova sociedade é pensar, necessariamente, em educação. A visão holística oferece pressupostos e propostas educacionais para essa questão. Neste livro, o autor discute tais fundamentos e demonstra que o paradigma holístico é um modelo abrangente de pensar e viver a realidade.
REF. 10546   ISBN 85-323-0546-6

leia também

DA SEDUÇÃO NA RELAÇÃO PEDAGÓGICA
PROFESSOR-ALUNO NO EMBATE COM AFETOS INCONSCIENTES
Maria Aparecida Morgado
O livro preenche uma lacuna nas discussões sobre a relação pedagógica, causa de constante tensão e, freqüentemente, de seqüelas irreversíveis. Abordando a complexidade dessa relação, a obra responde a muitas questões sobre a interferência da emoção no processo ensino-aprendizagem.
REF. 10765   ISBN 85-323-0765-5

EDUCAÇÃO E ÊXTASE
RECUPERANDO O PRAZER DE ENSINAR E APRENDER
George Leonard
A obra analisa o prazer que a educação pode proporcionar a mestres e alunos. Esse prazer tem se perdido com o tempo e o autor busca alternativas para recuperá-lo, indicando um caminho de construção, crescimento e descoberta.
REF. 10621   ISBN 85-323-0621-7

DESENVOLVIMENTO E APRENDIZAGEM EM PIAGET E VYGOTSKY
A RELEVÂNCIA DO SOCIAL
Isilda Campaner Palangana
Este livro analisa as propostas e as bases teóricas e metodológicas de Piaget e Vygotsky quando articulam o desenvolvimento e a aprendizagem a partir de uma perspectiva interacionista. Destaca o valor e a função do ambiente social dentro do interacionismo construtivista de Piaget e do sociointeracionismo de Vigotsky.
REF. 10762   ISBN 85-323-0762-0

PIAGET, VYGOTSKY, WALLON
TEORIAS PSICOGENÉTICAS EM DISCUSSÃO
Yves de La Taille, Marta Kohl de Oliveira e Heloysa Dantas
Três professores da Universidade de São Paulo, analisam temas substantivos em psicologia à luz das teorias de Piaget, Vygotsky e Wallon. Entre eles, os fatores biológicos e sociais no desenvolvimento psicológico e a questão da afetividade e da cognição.
REF. 10412   ISBN 85-323-0412-5

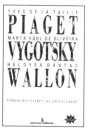

leia também

APRENDER: VERBO TRANSITIVO
A PARCERIA PROFESSOR-ALUNO NA SALA DE AULA
Beatriz Penteado Lomônaco

No momento atual, em que o Brasil se depara com o desafio de fazer com que as crianças aprendam e permaneçam na escola completando as oito séries do ensino fundamental, este livro traz uma contribuição significativa para este debate ao enfocar temas como: a relação professor-aluno-conhecimento, o papel da afetividade na aprendizagem e os determinantes de sucesso na aprendizagem.

REF. 10767   ISBN 85-323-0767-1

ENSINANDO A APRENDER
ELEMENTOS DE PSICODIDÁTICA GERAL
Louis Not

A didática era definida, em geral, como a arte de ensinar. Mas essa noção é confusa e refere-se a uma atividade intuitiva, dependente daquele que ensina. Pode-se, no entanto, opor a ela uma didática racional, ligada a um saber científico sistematizado, com um duplo sistema de referências: o conhecimento do objeto ensinado e do indivíduo que aprende.

REF. 10438   ISBN 85-323-0438-9

JOGO E PROJETO
PONTOS E CONTRAPONTOS
Valéria Amorim Arantes (org.), Lino de Macedo e Nílson José Machado

Neste livro, os autores desenvolvem, de forma crítica, sistemática e objetiva, idéias sobre as complexas relações entre *jogo e projeto*. No diálogo que estabelecem, cruzam perspectivas divergentes e convergentes, integram novos elementos e significados à discussão, ampliam os horizontes da temática e sinalizam novas formas de organização do pensamento e das práticas educativas cotidianas.

REF. 10735   ISBN 85-323-0735-3

INCLUSÃO ESCOLAR
PONTOS E CONTRAPONTOS
Valéria Amorim Arantes (org.), Maria Teresa Eglér Mantoan e Rosângela Gavioli Prieto

Neste livro, as autoras adentram os labirintos da inclusão escolar analisando, com muito rigor científico, suas diferentes facetas. No diálogo que estabelecem, abordam pontos polêmicos e controvertidos, que vão desde as inovações propostas por políticas educacionais e práticas escolares que envolvem o ensino regular e especial até as relações entre inclusão e integração escolar.

REF. 10733   ISBN 85-323-0733-7

IMPRESSO NA
sumago gráfica editorial ltda
rua itauna, 789   vila maria
02111-031   são paulo   sp
telefax 11 **6955 5636**
sumago@terra.com.br

------------------------------ dobre aqui ------------------------------

CARTA RESPOSTA
NÃO É NECESSÁRIO SELAR

O SELO SERÁ PAGO POR

AC AVENIDA DUQUE DE CAXIAS
01214-999 São Paulo/SP

------------------------------ dobre aqui ------------------------------

HUMOR E ALEGRIA NA EDUCAÇÃO

summus
editorial

CADASTRO PARA MALA-DIRETA

Recorte ou reproduza esta ficha de cadastro, envie completamente preenchida por correio ou fax,
e receba informações atualizadas sobre nossos livros.

Nome:_____ Empresa:_____

Endereço: ☐ Res. ☐ Coml. _____ Bairro:_____

CEP: _____-_____ Cidade: _____ Estado: _____ Tel.: ( )_____

Fax: ( )_____ E-mail: _____ Data de nascimento: _____

Profissão:_____ Professor? ☐ Sim ☐ Não Disciplina: _____

1. Você compra livros:

☐ Livrarias ☐ Feiras
☐ Telefone ☐ Correios
☐ Internet ☐ Outros. Especificar:_____

2. Onde você comprou este livro?
_____

3. Você busca informações para adquirir livros:

☐ Jornais ☐ Amigos
☐ Revistas ☐ Internet
☐ Professores ☐ Outros. Especificar:_____

4. Áreas de interesse:

☐ Educação ☐ Administração, RH
☐ Psicologia ☐ Comunicação
☐ Corpo, Movimento, Saúde ☐ Literatura, Poesia, Ensaios
☐ Comportamento ☐ Viagens, *Hobby*, Lazer
☐ PNL (Programação Neurolingüística)

5. Nestas áreas, alguma sugestão para novos títulos?
_____

6. Gostaria de receber o catálogo da editora? ☐ Sim ☐ Não

7. Gostaria de receber o Informativo Summus? ☐ Sim ☐ Não

Indique um amigo que gostaria de receber a nossa mala direta

Nome:_____ Empresa:_____

Endereço: ☐ Res. ☐ Coml. _____ Bairro:_____

CEP: _____-_____ Cidade: _____ Estado: _____ Tel.: ( )_____

Fax: ( )_____ E-mail: _____ Data de nascimento: _____

Profissão:_____ Professor? ☐ Sim ☐ Não Disciplina: _____

cole aqui

Summus Editorial
Rua Itapicuru, 613 7º andar 05006-000 São Paulo - SP Brasil Tel. (11) 3872-3322 Fax (11) 3872-7476
Internet: http://www.summus.com.br e-mail: summus@summus.com.br